RAPHAEL'S ASTRONOMICAL

Ephemeris of the Planets' Places

for 1971

Mean Obliquity of the Ecliptic, 1971, 23° 26′ 35·00″.

INTRODUCTION

In the preparation of the data for RAPHAEL'S EPHEMERIS I am supported by a team of expert mathematicians, and every calculation is checked and doubly checked, thereby reducing the possibility of error to almost nil.

It can therefore be claimed that, as far as humanly possible, complete accuracy is assured. It is for this reason that, through the centuries, RAPHAEL'S EPHEMERIS has become recognised all over the world as the most reliable Astronomical Ephemeris publi...

To co... pted procedure, all
times ... Ephemeris Time. A
brief e... 37.

RAPHAEL

...ITISH STANDARD TIME

British Standard Time, one hour in advance of G.M.T. is now used throughout the year. Subtract one hour from B.S.T. before entering this Ephemeris.

[Certain of the astronomical information in this Ephemeris is based upon the Astronomical Ephemeris, and is included by permission of the Controller of H.M. Stationery Office.]

Published by

LONDON : W. FOULSHAM & CO., LTD.

YEOVIL ROAD, SLOUGH, BUCKS., ENGLAND

NEW YORK TORONTO CAPE TOWN SYDNEY

ISBN 0-572-00714-0

D M	Neptune Lat.	Neptune Dec.	Herschel Lat.	Herschel Dec.	Saturn Lat.	Saturn Dec.	Jupiter Lat.	Jupiter Dec.	Mars Lat.	Mars Dec.	Mars Dec.
	° ′	° ′	° ′	° ′	° ′	° ′	° ′	° ′	° ′	° ′	° ′
1	1N38	18S58	0N41	4S40	2S22	14N21	0N53	18S47	0N48	15S58	16S 9
3	1 38	18 59	0 42	4 41	2 21	14 20	0 53	18 52	0 47	16 20	16 31
5	1 38	19 0	0 42	4 41	2 21	14 20	0 53	18 57	0 47	16 42	16 53
7	1 38	19 0	0 42	4 42	2 20	14 20	0 53	19 2	0 46	17 3	17 14
9	1 38	19 1	0 42	4 42	2 20	14 20	0 53	19 6	0 45	17 24	17 35
11	1 38	19 1	0 42	4 42	2 19	14 20	0 53	19 11	0 44	17 45	17 55
13	1 38	19 2	0 42	4 42	2 18	14 20	0 53	19 15	0 43	18 5	18 15
15	1 38	19 2	0 42	4 43	2 18	14 21	0 54	19 19	0 42	18 24	18 34
17	1 38	19 3	0 42	4 43	2 17	14 21	0 54	19 23	0 41	18 43	18 52
19	1 38	19 3	0 42	4 42	2 17	14 22	0 54	19 27	0 39	19 1	19 10
21	1 38	19 4	0 42	4 42	2 16	14 23	0 54	19 31	0 38	19 19	19 28
23	1 39	19 4	0 42	4 42	2 15	14 23	0 54	19 35	0 37	19 36	19 45
25	1 39	19 5	0 42	4 42	2 15	14 24	0 54	19 38	0 36	19 53	20 1
27	1 39	19 5	0 42	4 41	2 14	14 26	0 54	19 42	0 35	20 9	20 17
29	1 39	19 6	0 42	4 41	2 14	14 27	0 54	19 45	0 33	20 25	20 S 32
31	1N39	19S 6	0N42	4S40	2S13	14N28	0N55	19S48	0N32	20S40	

D M	D W	Sidereal Time	☉ Long.	☉ Dec.	☽ Long.	☽ Lat.	☽ Dec.	MIDNIGHT ☽ Long.	MIDNIGHT ☽ Dec.
		H. M. S.	° ′ ″	° ′	° ′ ″	° ′	° ′	° ′ ″	° ′
1	F	18 41 57	10♏25 22	23 S 2	4♓43 27	0N56	8S55	11♓54 48	5S39
2	S	18 45 53	11 26 32	22 57	19 4 13	2 10	2S20	26 11 24	1N 0
3	𝔖	18 49 50	12 27 42	22 52	3♈16 9	3 15	4N17	10♈18 18	7 30
4	M	18 53 46	13 28 52	22 46	17 17 46	4 8	10 36	24 14 28	13 34
5	Tu	18 57 43	14 30 1	22 39	1♉ 8 21	4 45	16 20	7♉59 23	18 52
6	W	19 1 39	15 31 9	22 33	14 47 31	5 6	21 9	21 32 44	23 8
7	Th	19 5 36	16 32 19	22 25	28 14 58	5 10	24 48	4♊54 9	26 7
8	F	19 9 33	17 33 27	22 18	11♊30 13	4 57	27 4	18 3 7	27 37
9	S	19 13 29	18 34 35	22 9	24 32 47	4 28	27 48	0♋59 8	27 35
10	𝔖	19 17 26	19 35 43	22 1	7♋22 10	3 46	27 0	13 41 50	26 5
11	M	19 21 22	20 36 50	21 52	19 58 10	2 54	24 50	26 11 14	23 18
12	Tu	19 25 19	21 37 57	21 42	2♌21 6	1 55	21 30	8♌27 56	19 29
13	W	19 29 15	22 39 4	21 33	14 31 55	0N50	17 17	20 33 18	14 55
14	Th	19 33 12	23 40 10	21 22	26 32 23	0S15	12 26	2♍29 31	9 51
15	F	19 37 8	24 41 16	21 12	8♍25 5	1 20	7 11	14 19 33	4N28
16	S	19 41 5	25 42 22	21 0	20 13 22	2 20	1N43	26 7 5	1S 2
17	𝔖	19 45 2	26 43 28	20 49	2♎ 1 15	3 15	3S47	7♎56 28	6 31
18	M	19 48 58	27 44 33	20 37	13 53 19	4 2	9 11	19 52 27	11 48
19	Tu	19 52 55	28 45 37	20 25	25 54 28	4 39	14 20	2♏ 0 0	16 45
20	W	19 56 51	29♑46 42	20 12	8♏ 9 39	5 3	19 1	14 24 1	21 6
21	Th	20 0 48	0♒47 46	19 59	20 43 36	5 15	22 59	27 8 53	24 38
22	F	20 4 44	1 48 50	19 46	3♐40 16	5 11	25 58	10♐18 1	26 59
23	S	20 8 41	2 49 54	19 32	17 2 20	4 50	27 37	23 53 14	27 51
24	𝔖	20 12 37	3 50 56	19 18	0♑50 38	4 12	27 38	7♑54 16	26 59
25	M	20 16 34	4 51 59	19 3	15 3 43	3 17	25 52	22 18 23	24 18
26	Tu	20 20 31	5 53 1	18 48	29 37 34	2 9	22 20	7♒ 0 25	19 59
27	W	20 24 27	6 54 1	18 33	14♒26 0	0S51	17 19	21 53 18	14 22
28	Th	20 28 24	7 55 1	18 18	29 21 19	0N32	11 12	6♓49 1	7 53
29	F	20 32 20	8 56 0	18 2	14♓15 28	1 52	4S29	21 39 45	1S 1
30	S	20 36 17	9 56 57	17 46	29 1 6	3 4	2N25	6♈18 52	5N48
31	𝔖	20 40 13	10♒57 53	17S29	13♈32 31	4N 3	9N 4	20♈41 38	12N11

Full Moon—January 11*d*, 1*h*. 21*m*. *p.m.*

D M	Venus Lat.	Venus Dec.	Venus Dec.	Mercury Lat.	Mercury Dec.	Mercury Dec.	☽ Node
	° ′	° ′	° ′	° ′	° ′	° ′	° ′
1	3N 48	15 S 22	15 S 33	3N 6	20 S 20	20 S 16	25♒56
3	3 50	15 44	15 54	3 13	20 14	20 13	25 49
5	3 52	16 5	16 16	3 11	20 15	20 18	25 43
7	3 52	16 27	16 38	3 3	20 22	20 28	25 37
9	3 52	16 49	17 1	2 50	20 35	20 43	25 30
11	3 51	17 12	17 22	2 35	20 52	21 1	25 24
13	3 49	17 33	17 44	2 17	21 10	21 19	25 18
15	3 46	17 55	18 5	1 58	21 28	21 37	25 11
17	3 43	18 15	18 26	1 38	21 46	21 55	25 5
19	3 40	18 35	18 45	1 19	22 3	22 10	24 59
21	3 36	18 55	19 4	1 0	22 16	22 22	24 52
23	3 31	19 12	19 21	0 41	22 27	22 31	24 46
25	3 26	19 29	19 37	0 23	22 34	22 36	24 40
27	3 21	19 45	19 52	0N 5	22 37	22 36	24 33
29	3 15	19 59	20 S 5	0 S 12	22 35	22 S 33	24 27
31	3N 8	20 S 11		0 S 27	22 S 29		24♒21

Mutual Aspects

1. ☿⊥♀ ∠, ♂, ⚼♄, ⊻♆.
3. ☿□♇. ♇ stat.
4. ☉∠♃, □♅.
5. ☿⊻♀, ⊻♃. ♀☌♃, ∠♅. ♃∠♅.
6. ☉△♄. ♀⚹♇. ♂⊥♅.
7. ☉∠♆. ☿ Stat. ♃P♆.
9. ♀☌♆. 10. ☿⊥♂.
12. ♃⚹♇. 13. ☿□♇.
14. ☉P☿. ☿⊻♃. 15. ☿⚼♄.
16. ☉⚹♂. ☿⊥♂.
17. ☿⊻♆. ♄ Stat.
18. ♅ Stat.
19. ♀Q♇. ♂P♆.
20. ☉△♇. ♂∠♅.
21. ☉⚹♃. ☿⊥♃. ♀⚹♅.
22. ♀P♆. ♂⚹♇.
23. ☉P♂, P♃, ⚹♆. ☿⊥♆. ♀△♄. ♂P♃.
24. ☉P♀. 25. ☉P♆.
26. ♂☌♃.
27. ☿□♅. ♀P♃. ♂☌♆.
28. ☿△♄. 29. ♀±♄.
30. ☿∠♃. ∠♆.

D M	♆ Long.	♅ Long.	♄ Long.	♃ Long.	♂ Long.	♀ Long.	☿ Long.	☉	♇	♆	♅	♄	♃	♂	♀	☿
	° ′	° ′	° ′	° ′	° ′	° ′	° ′									
1	2♐ 1	13♎26	15♉56	27♏41	16♏23	25♏12	1♑27	⚹		□	⚼		□			⚹
2	2 3	13 27	15℞54	27 52	17 1	26 3	0℞26					⚹		△		
𝕾	2 4	13 28	15 53	28 3	17 39	26 54	29♐35		☍	△		∠	△	⚼	△	□
4	2 6	13 29	15 51	28 14	18 17	27 45	28 54	□		⚼	☍	⊻	⚼		⚼	
5	2 8	13 29	15 50	28 25	18 54	28 38	28 23									△
6	2 10	13 30	15 49	28 36	19 32	29♏31	28 2	△	⚼			☌		☍		⚼
7	2 11	13 31	15 48	28 47	20 10	0♐25	27 51	⚼	△	☍	⚼		☍		☍	
8	2 13	13 31	15 46	28 58	20 48	1 19	27 D49				△	⊻				
9	2 15	13 32	15 45	29 9	21 26	2 14	27 56		□			∠				☍
𝕾	2 17	13 32	15 45	29 20	22 4	3 10	28 11				□			⚼		
11	2 18	13 33	15 44	29 30	22 42	4 6	28 33	☍		⚼		⚹	⚼	△	⚼	
12	2 20	13 33	15 43	29 41	23 20	5 3	29 2		⚹	△			△		△	
13	2 21	13 33	15 43	29♏51	23 58	6 1	29♐37		∠		⚹	□				⚼
14	2 23	13 34	15 42	0♐ 1	24 36	6 58	0♑17		⊻	□	∠		□	□		△
15	2 25	13 34	15 42	0 11	25 14	7 57	1 2	⚼			⊻				□	
16	2 26	13 34	15 42	0 22	25 52	8 56	1 51					△				
𝕾	2 28	13 34	15 42	0 32	26 29	9 55	2 45	△	☌	⚹		⚼	⚹	⚹		□
18	2 29	13 34	15 42	0 42	27 7	10 55	3 42			∠	☌		∠	∠	⚹	
19	2 31	13 34	15 42	0 51	27 45	11 55	4 42	□	⊻				⊻	⊻	∠	
20	2 32	13 34	15 42	1 1	28 23	12 56	5 45			⊻	⊻				⊻	⚹
21	2 33	13 34	15 43	1 11	29 1	13 57	6 50		∠			☍				∠
22	2 35	13 33	15 43	1 20	29♏39	14 58	7 58	⚹	⚹	☌	∠		☌	☌		⊻
23	2 36	13 33	15 44	1 29	0♐16	16 0	9 8	∠			⚹				☌	
𝕾	2 38	13 33	15 45	1 39	0 54	17 3	10 20	⊻	□	⊻		⚼	⊻	⊻		
25	2 39	13 32	15 45	1 48	1 32	18 5	11 33			∠	□	△	∠	∠	⊻	☌
26	2 40	13 32	15 46	1 57	2 10	19 8	12 49	☌	△	⚹			⚹	⚹	∠	
27	2 41	13 31	15 47	2 6	2 47	20 11	14 6		⚼		△	□			⚹	⊻
28	2 43	13 31	15 49	2 15	3 25	21 15	15 24			□	⚼		□	□		∠
29	2 44	13 30	15 50	2 23	4 3	22 18	16 43	⊻				⚹				⚹
30	2 45	13 30	15 51	2 32	4 41	23 22	18 4	∠	☍	△		∠	△	△	□	
𝕾	2♐46	13♎29	15♉53	2♐40	5♐18	24♐27	19♑26	⚹		⚼	☍	⊻	⚼	⚼		□

Last Quarter—January 19*d*, 6*h*. 9*m*. *p.m.*

D M	Neptune Lat.	Neptune Dec.	Herschel Lat.	Herschel Dec.	Saturn Lat.	Saturn Dec.	Jupiter Lat.	Jupiter Dec.	Mars Lat.	Mars Dec.	Mars Dec.
	° ′	° ′	° ′	° ′	° ′	° ′	° ′	° ′	° ′	° ′	° ′
1	1 N 39	19 S 6	0 N 42	4 S 40	2 S 13	14 N 29	0 N 55	19 S 50	0 N 31	20 S 47	20 S 54
3	1 39	19 6	0 43	4 39	2 12	14 31	0 55	19 53	0 30	21 1	21 8
5	1 39	19 7	0 43	4 38	2 12	14 32	0 55	19 56	0 29	21 15	21 21
7	1 39	19 7	0 43	4 38	2 11	14 34	0 55	19 58	0 27	21 27	21 34
9	1 39	19 7	0 43	4 37	2 10	14 36	0 55	20 1	0 26	21 40	21 46
11	1 39	19 7	0 43	4 36	2 10	14 38	0 55	20 3	0 24	21 51	21 57
13	1 40	19 7	0 43	4 35	2 9	14 40	0 56	20 6	0 23	22 2	22 8
15	1 40	19 8	0 43	4 33	2 9	14 43	0 56	20 8	0 21	22 13	22 18
17	1 40	19 8	0 43	4 32	2 8	14 45	0 56	20 10	0 19	22 23	22 27
19	1 40	19 8	0 43	4 31	2 8	14 47	0 56	20 12	0 18	22 32	22 36
21	1 40	19 8	0 43	4 29	2 7	14 50	0 56	20 14	0 16	22 40	22 44
23	1 40	19 8	0 43	4 28	2 7	14 53	0 57	20 15	0 14	22 48	22 S 52
25	1 40	19 8	0 43	4 27	2 6	14 55	0 57	20 17	0 13	22 55	—
26	1 40	19 8	0 43	4 26	2 6	14 57	0 57	20 18	0 12	22 59	—
27	1 40	19 8	0 43	4 25	2 6	14 58	0 57	20 18	0 11	23 2	—
28	1 N 40	19 S 8	0 N 43	4 S 24	2 S 5	15 N 0	0 N 57	20 S 19	0 N 10	23 S 5	

D M	D W	Sidereal Time	☉ Long.	☉ Dec.	☽ Long.	☽ Lat.	☽ Dec.	MIDNIGHT ☽ Long.	MIDNIGHT ☽ Dec.
		H. M. S.	° ′ ″	° ′	° ′ ″	° ′	° ′	° ′ ″	° ′
1	M	20 44 10	11 ♒ 58 48	17 S 12	27 ♈ 45 58	4 N 45	15 N 7	4 ♉ 45 20	17 N 49
2	Tu	20 48 6	12 59 42	16 55	11 ♉ 39 41	5 10	20 15	18 29 4	22 23
3	W	20 52 3	14 0 34	16 38	25 13 33	5 17	24 12	1 ♊ 53 18	25 40
4	Th	20 56 0	15 1 26	16 20	8 ♊ 28 31	5 7	26 46	14 59 25	27 30
5	F	20 59 56	16 2 15	16 2	21 26 14	4 41	27 50	27 49 15	27 48
6	S	21 3 53	17 3 3	15 44	4 ♋ 8 41	4 2	27 24	10 ♋ 24 47	26 39
7	𝔖	21 7 49	18 3 50	15 25	16 37 48	3 11	25 34	22 47 57	24 12
8	M	21 11 46	19 4 35	15 6	28 55 29	2 13	22 33	5 ♌ 0 36	20 40
9	Tu	21 15 42	20 5 19	14 47	11 ♌ 3 31	1 9	18 34	17 4 28	16 18
10	W	21 19 39	21 6 1	14 28	23 3 39	0 N 3	13 53	29 1 20	11 21
11	Th	21 23 36	22 6 42	14 9	4 ♍ 57 43	1 S 3	8 43	10 ♍ 53 6	6 2
12	F	21 27 32	23 7 22	13 49	16 47 44	2 5	3 N 17	22 41 56	0 N 32
13	S	21 31 29	24 8 1	13 29	28 36 2	3 3	2 S 14	4 ♎ 30 23	4 S 59
14	𝔖	21 35 25	25 8 38	13 9	10 ♎ 25 23	3 52	7 41	16 21 27	10 20
15	M	21 39 22	26 9 14	12 48	22 19 1	4 32	12 53	28 18 34	15 21
16	Tu	21 43 18	27 9 49	12 28	4 ♏ 20 36	5 0	17 40	10 ♏ 25 38	19 50
17	W	21 47 15	28 10 23	12 7	16 34 11	5 15	21 49	22 46 48	23 35
18	Th	21 51 11	29 ♒ 10 55	11 46	29 4 0	5 16	25 6	5 ♐ 26 17	26 19
19	F	21 55 8	0 ♓ 11 26	11 24	11 ♐ 54 10	5 2	27 12	18 28 2	27 44
20	S	21 59 4	1 11 56	11 3	25 8 16	4 31	27 52	1 ♑ 55 7	27 35
21	𝔖	22 3 1	2 12 25	10 42	8 ♑ 48 47	3 44	26 53	15 49 15	25 44
22	M	22 6 58	3 12 52	10 20	22 56 25	2 42	24 10	0 ♒ 9 59	22 11
23	Tu	22 10 54	4 13 18	9 58	7 ♒ 29 30	1 29	19 50	14 54 17	17 8
24	W	22 14 51	5 13 43	9 36	22 23 33	0 S 7	14 10	29 56 17	10 57
25	Th	22 18 47	6 14 5	9 14	7 ♓ 31 23	1 N 16	7 34	15 ♓ 7 40	4 S 4
26	F	22 22 44	7 14 26	8 51	22 43 52	2 34	0 S 31	0 ♈ 18 46	3 N 1
27	S	22 26 40	8 14 45	8 29	7 ♈ 51 10	3 41	6 N 30	15 19 59	9 52
28	𝔖	22 30 37	9 ♓ 15 2	8 S 6	22 ♈ 44 16	4 N 32	13 N 3	0 ♉ 3 15	16 N 1

Full Moon—February 10*d*, 7*h*. 42*m*. *a.m.*

D M	Venus Lat.	Venus Dec.		Mercury Lat.	Mercury Dec.		☽ Node
	° ′	° ′	° ′	° ′	° ′	° ′	° ′
1	3N 5	20 S 17	20 S 22	0 S 35	22 S 24	22 S 18	24♒17
3	2 58	20 27	20 31	0 49	22 11	22 3	24 11
5	2 51	20 35	20 39	1 2	21 53	21 41	24 5
7	2 44	20 42	20 44	1 15	21 29	21 15	23 58
9	2 37	20 46	20 47	1 26	21 1	20 44	23 52
11	2 29	20 48	20 49	1 36	20 27	20 8	23 46
13	2 21	20 49	20 48	1 44	19 47	19 26	23 39
15	2 13	20 47	20 45	1 52	19 3	18 39	23 33
17	2 5	20 43	20 40	1 58	18 13	17 46	23 26
19	1 56	20 37	20 33	2 3	17 17	16 48	23 20
21	1 48	20 29	20 24	2 6	16 17	15 44	23 14
23	1 40	20 18	20 S 12	2 8	15 10	14 S 35	23 7
25	1 31	20 5	—	2 7	13 58	—	23 1
26	1 27	19 58	—	2 6	13 20	—	22 58
27	1 23	19 50	—	2 5	12 41	—	22 55
28	1N 18	19 S 42		2 S 4	12 S 1		22♒52

Mutual Aspects

1. ☿∠♂. ♀Q♅. ♃☌♆.
2. ☉△♅. 3. ☉⚼♇.
4. ☉Q♃, Q♆.
5. ☉□♄. ♀□♇.
6. ♀⚼♄.
7. ☿P♂, △♇.
8. ☉P♇. ♀⊻♆.
9. ☿✱♆. ♀⊻♃. [♇.
10. ☉P♄. ☿P♀, ✱♃. ♂Q
12. ☉±♇. ☿P♃.
13. ☿⊻♀. ♀⊥♆. ♂✱♅.
15. ☿P♆. ♀⊥♃.
16. ☉∠♀, Q♂. ☿△♅, ⚼♇.
17. ☉⚼♅. ☿Q♆. ♀□♅.
18. ☉▽♇. ☿✱♂, Q♃, □♄ [♂▽♄.
20. ♀△♄. 21. ♀∠♆.
22. ☉□♆. ☿±♇. ♀⊻♂.
23. ☿P♄, P♇. ♀∠ & P♃.
24. ☉□♃. Q♄.
25. ☿⊥♀, ⚼♅, ▽♇.
26. ☉±♅.
28. ☿□♆.

D M	♆ Long.	♅ Long.	♄ Long.	♃ Long.	♂ Long.	♀ Long.	☿ Long.	☉	♇	♆	♅	♄	♃	♂	♀	☿
	° ′	° ′	° ′	° ′	° ′	° ′	° ′									
1	2♐47	13♎28	15♉55	2♐49	5♐56	25♐31	20♑49								△	
2	2 48	13 27	15 56	2 57	6 33	26 36	22 13	□	⚼			☌			⚼	
3	2 49	13 27	15 58	3 5	7 11	27 41	23 38		△		⚼					△
4	2 50	13 26	16 0	3 13	7 48	28 46	25 4			☍	△		☍	☍		⚼
5	2 51	13 25	16 2	3 20	8 26	29♐52	26 31	△				⊻				
6	2 52	13 24	16 4	3 28	9 4	0♑58	27 58	⚼	□			∠			☍	
S	2 53	13 23	16 7	3 36	9 41	2 4	29♑27			⚼	□	✱	⚼			
8	2 54	13 22	16 9	3 43	10 19	3 10	0♒57		✱	△			△	⚼		☍
9	2 55	13 20	16 12	3 50	10 56	4 16	2 27		∠		✱	□		△		
10	2 55	13 19	16 14	3 57	11 33	5 23	3 58	●			∠				⚼	
11	2 56	13 18	16 17	4 4	12 11	6 29	5 30		⊻	□			□		△	
12	2 57	13 17	16 20	4 11	12 48	7 37	7 3				⊻	△		□		
13	2 58	13 15	16 22	4 18	13 26	8 44	8 37		☌	✱		⚼	✱			⚼
S	2 58	13 14	16 25	4 24	14 3	9 51	10 12	⚼			☌			✱	□	△
15	2 59	13 12	16 29	4 30	14 40	10 59	11 47	△		∠			∠			
16	3 0	13 11	16 32	4 37	15 18	12 6	13 24		⊻	⊻			⊻	∠		
17	3 0	13 9	16 35	4 43	15 55	13 14	15 1		∠		⊻	☍		⊻	✱	□
18	3 1	13 8	16 39	4 49	16 32	14 22	16 39	□	✱	☌	∠		☌		∠	
19	3 1	13 6	16 42	4 54	17 9	15 30	18 18				✱			☌	⊻	
20	3 2	13 4	16 46	5 0	17 47	16 39	19 58	✱	□			⚼				✱
S	3 2	13 3	16 49	5 5	18 24	17 47	21 39			⊻	□		⊻			∠
22	3 2	13 1	16 53	5 11	19 1	18 56	23 21	∠	△	∠		△	∠	⊻	☌	⊻
23	3 3	12 59	16 57	5 16	19 38	20 4	25 4	⊻	⚼	✱	△		✱	∠		
24	3 3	12 57	17 1	5 21	20 15	21 13	26 47				⚼	□		✱	⊻	☌
25	3 3	12 55	17 5	5 25	20 52	22 22	28♒32	●		□			□		∠	
26	3 4	12 53	17 9	5 30	21 29	23 31	0♓18		☍			✱		□	✱	
27	3 4	12 51	17 13	5 34	22 6	24 41	2 5	⊻		△	☍	∠	△			⊻
S	3♐4	12♎49	17♉18	5♐39	22♐43	25♑50	3♓52	∠		⚼		⊻	⚼	△	□	∠

Last Quarter—February 18*d*, 0*h*. 14*m*. *p.m.*

New Moon—March 26*d*, 7*h*. 24*m*. *p.m.*

D M	Neptune Lat. ° ′	Neptune Dec. ° ′	Herschel Lat. ° ′	Herschel Dec. ° ′	Saturn Lat. ° ′	Saturn Dec. ° ′	Jupiter Lat. ° ′	Jupiter Dec. ° ′	Mars Lat. ° ′	Mars Dec. ° ′	Mars Dec. ° ′
1	1N40	19S 8	0N43	4S23	2S 5	15N 1	0N57	20S 19	0N 9	23S 8	23S11
3	1 41	19 8	0 43	4 22	2 5	15 4	0 57	20 21	0 7	23 13	23 16
5	1 41	19 8	0 43	4 20	2 4	15 7	0 57	20 22	0 5	23 18	23 20
7	1 41	19 8	0 43	4 18	2 4	15 10	0 58	20 23	0N 3	23 22	23 24
9	1 41	19 8	0 43	4 17	2 3	15 14	0 58	20 23	0 0	23 26	23 27
11	1 41	19 7	0 43	4 15	2 3	15 17	0 58	20 24	0S 2	23 28	23 30
13	1 41	19 7	0 43	4 13	2 2	15 20	0 58	20 24	0 4	23 31	23 32
15	1 41	19 7	0 43	4 11	2 2	15 24	0 58	20 25	0 7	23 32	23 33
17	1 41	19 7	0 43	4 9	2 1	15 27	0 59	20 25	0 9	23 33	23 34
19	1 41	19 6	0 34	4 7	2 1	15 31	0 59	20 25	0 12	23 34	23 34
21	1 41	19 6	0 43	4 5	2 0	15 34	0 59	20 25	0 14	23 34	23 34
23	1 42	19 6	0 43	4 3	2 0	15 38	0 59	20 25	0 17	23 33	23 33
25	1 42	19 6	0 43	4 1	2 0	15 42	0 59	20 25	0 19	23 32	23 31
27	1 42	19 5	0 43	3 59	1 59	15 45	1 0	20 24	0 22	23 30	23 29
29	1 42	19 5	0 43	3 57	1 59	15 49	1 0	20 24	0 25	23 28	23 S 26
31	1N42	19 S 4	0N43	3 S 55	1 S 59	15N53	1N 0	20 S 23	0 S28	23 S 25	

D M	D W	Sidereal Time H. M. S.	☉ Long. ° ′ ″	☉ Dec. ° ′	☽ Long. ° ′ ″	☽ Lat. ° ′	☽ Dec. ° ′	MIDNIGHT ☽ Long. ° ′ ″	MIDNIGHT ☽ Dec. ° ′
1	M	22 34 33	10♓15 17	7S43	7♉16 17	5N 4	18N43	14♉ 22 59	21N 7
2	Tu	22 38 30	11 15 30	7 21	21 23 5	5 16	23 11	28 16 31	24 54
3	W	22 42 27	12 15 41	6 58	5♊ 3 21	5 10	26 13	11♊43 47	27 9
4	Th	22 46 23	13 15 50	6 35	18 18 5	4 47	27 42	24 46 39	27 51
5	F	22 50 20	14 15 57	6 12	1♋ 9 54	4 11	27 37	7♋28 17	27 2
6	S	22 54 16	15 16 2	5 48	13 42 18	3 23	26 6	19 52 27	24 52
7	𝕾	22 58 13	16 16 5	5 25	25 59 12	2 26	23 21	2♌ 3 1	21 36
8	M	23 2 9	17 16 5	5 2	8♌ 4 21	1 25	19 37	14 3 38	17 27
9	Tu	23 6 6	18 .16 4	4 38	20 1 15	0N20	15 7	25 57 35	12 40
10	W	23 10 2	19 16 0	4 15	1♍52 58	0S45	10 6	7♍47 42	7 27
11	Th	23 13 59	20 15 55	3 51	13 42 4	1 48	4N45	19 36 21	2N 0
12	F	23 17 56	21 15 47	3 28	25 30 48	2 46	0S46	1♎25 39	3S31
13	S	23 21 52	22 15 37	3 4	7♎21 9	3 37	6 15	13 17 31	8 55
14	𝕾	23 25 49	23 15 26	2 41	19 15 0	4 19	11 32	25 13 52	14 2
15	M	23 29 45	24 15 13	2 17	1♏14 22	4 50	16 26	7♏16 47	18 40
16	Tu	23 33 42	25 14 58	1 53	13 21 27	5 8	20 44	19 28 42	22 36
17	W	23 37 38	26 14 41	1 30	25 38 52	5 12	24 13	1♐ 52 22	25 34
18	Th	23 41 35	27 14 23	1 6	8♐ 9 34	5 1	26 38	14 30 55	27 21
19	F	23 45 31	28 14 3	0 42	20 56 48	4 36	27 43	27 27 40	27 43
20	S	23 49 28	29♓13 41	0S18	4♑ 3 53	3 56	27 19	10♑45 50	26 30
21	𝕾	23 53 24	0♈13 17	0N 5	17 33 48	3 1	25 17	24 28 0	23 41
22	M	23 57 21	1 12 52	0 29	1♒28 36	1 55	21 42	8♒35 33	19 22
23	Tu	0 1 18	2 12 25	0 53	15 48 43	0S39	16 44	23 7 47	13 48
24	W	0 5 14	3 11 56	1 16	0♓32 13	0N41	10 39	8♓ 1 20	7 19
25	Th	0 9 11	4 11 25	1 40	15 34 14	1 59	3S51	23 9 51	0S20
26	F	0 13 7	5 10 52	2 4	0♈47 0	3 10	3N13	8♈24 22	6N43
27	S	0 17 4	6 10 17	2 27	16 0 39	4 8	10 6	23 34 30	13 20
28	𝕾	0 21 0	7 9 40	2 51	1♉ 4 41	4 47	16 20	8♉ 30 6	19 4
29	M	0 24 57	8 9 1	3 14	15 49 49	5 7	21 28	23 3 4	23 31
30	Tu	0 28 54	9 8 20	3 37	0♊ 9 21	5 6	25 10	7♊ 8 20	26 25
31	W	0 32 50	10♈ 7 37	4N 1	13♊59 55	4N47	27N14	20♊44 9	27N39

First Quarter—March 4*d*, 2*h*. 2*m*., *a.m.*

FULL MOON—March 12*d*, 2*h*. 34*m*. *a.m.*

D M	Venus Lat. ° ′	Venus Dec. ° ′	Venus Dec. ° ′	Mercury Lat. ° ′	Mercury Dec. ° ′	Mercury Dec. ° ′	☽ Node ° ′
1	1N 14	19 S 33	19 S 24	2 S 2	11 S 19	10 S 35	22 ♒ 48
3	1 6	19 14	19 3	1 56	9 51	9 5	22 42
5	0 57	18 52	18 41	1 48	8 18	7 30	22 36
7	0 49	18 28	18 16	1 38	6 40	5 50	22 29
9	0 41	18 3	17 49	1 26	4 58	4 6	22 23
11	0 33	17 35	17 20	1 11	3 12	2 18	22 17
13	0 25	17 5	16 50	0 55	1 S 23	0 S 27	22 10
15	0 17	16 33	16 17	0 36	0N 29	1N 25	22 4
17	0 9	16 0	15 42	0 S 15	2 21	3 17	21 58
19	0N 1	15 24	15 6	0N 8	4 13	5 8	21 51
21	0 S 6	14 47	14 28	0 32	6 2	6 55	21 45
23	0 14	14 8	13 48	0 57	7 47	8 37	21 38
25	0 20	13 27	13 7	1 21	9 25	10 12	21 32
27	0 27	12 45	12 24	1 45	10 56	11 37	21 26
29	0 33	12 2	11 S 40	2 8	12 15	12N 51	21 19
31	0 S 39	11 S 17		2 N28	13N 24		21 ♒ 13

Mutual Aspects

1. ☿Q ♂, □♃, Q♄. ♂±♄.
2. ☿±♅.
3. ☉▽♅. ♀△♇. ♂Q♅.
4. ♀P♆.
5. ☿▽♅. ♀⊥♂. ♆ Stat.
6. ☉☌☿. ♀⚹♆.
8. ☿⚹♄. 9. ☉⚹♄. ♀⚹♃.
10. ☉P☿, P♅. ☿∠♀, P♅.
13. ☿☍♇. ♄±♅. [♂□♇.
14. ☿□♂. ♀△♅.
15. ☿△♆. ♀⚼♇.
16. ☉P☿. ☿∠♄. ♀Q♆.
17. ☿△♃. ♂⚺♆.
18. ♀P♇. ♂⚼♄.
19. ☉☍♇. ☿P♅. ♀Q♃, P♄.
20. ☿⊥♄, ☍♅. ♀□♄.
21. ♀∠♂. [Stat.
23. ☿⚼♆. ♀±♇. ♂⚺♃. ♃
24. ☉△♆. ☿⚺♄.
25. ☉∠♄. ☿⚼♃.
26. ♀⚼♅. 27. ☉△♃. ♂⊥♆.
28. ♀▽♇.
29. ☿P♀, ±♆. 30. ☿▽♇.
31. ☉P♅. ♂□♅. ♄P♇.

D M	♆ Long. ° ′	♅ Long. ° ′	♄ Long. ° ′	♃ Long. ° ′	♂ Long. ° ′	♀ Long. ° ′	☿ Long. ° ′	Lunar Aspects ☉	♇	♆	♅	♄	♃	♂	♀	☿
1	3 ♐ 4	12 ♎ 47	17 ♉ 22	5 ♐ 43	23 ♐ 20	26 ♑ 59	5 ♓ 41	⚹	⚼					⚼		⚹
2	3 4	12 45	17 27	5 47	23 57	28 9	7 31				⚼	☌				
3	3 4	12 43	17 31	5 50	24 34	29 ♑ 18	9 22		△	☍			☍		△	□
4	3 4	12 41	17 36	5 54	25 10	0 ♒ 28	11 14	□			△	⚺			⚼	
5	3 4	12 39	17 41	5 57	25 47	1 38	13 6		□			∠		☍		
6	3 4	12 37	17 46	6 0	26 24	2 47	15 0	△		⚼	□	⚹				△
𝕾	3 4	12 35	17 51	6 4	27 0	3 57	16 55	⚼	⚹				⚼			
8	3 4	12 33	17 56	6 6	27 37	5 7	18 50		∠	△	⚹		△	⚼	☍	⚼
9	3 4	12 30	18 1	6 9	28 13	6 18	20 47					□				
10	3 4	12 28	18 6	6 12	28 50	7 28	22 44		⚺	□	∠		□	△		
11	3 4	12 26	18 11	6 14	29 ♐ 26	8 38	24 41				⚺	△				
12	3 4	12 23	18 16	6 16	0 ♑ 3	9 48	26 39	☍	☌					□	⚼	☍
13	3 3	12 21	18 22	6 18	0 39	10 59	28 ♓ 37			⚹	☌	⚼	⚹		△	
𝕾	3 3	12 19	18 27	6 20	1 15	12 9	0 ♈ 36			∠			∠			
15	3 3	12 16	18 33	6 21	1 52	13 20	2 34		⚺	⚺			⚺	⚹		
16	3 3	12 14	18 38	6 23	2 28	14 30	4 32	⚼	∠		⚺	☍		∠	□	
17	3 2	12 11	18 44	6 24	3 4	15 41	6 29	△	⚹		∠					⚼
18	3 2	12 9	18 50	6 25	3 40	16 52	8 25			☌	⚹		☌	⚺		△
19	3 1	12 6	18 55	6 26	4 16	18 3	10 20								⚹	
20	3 1	12 4	19 1	6 26	4 52	19 13	12 13	□	□	⚺		⚼	⚺	☌	∠	
𝕾	3 0	12 1	19 7	6 27	5 28	20 24	14 3			∠	□	△	∠		⚺	□
22	3 0	11 59	19 13	6 27	6 4	21 35	15 51	⚹	△	⚹			⚹	⚺		
23	2 59	11 56	19 19	6 27	6 40	22 47	17 37	∠	⚼		△	□		∠		⚹
24	2 59	11 54	19 26	6 ℞ 27	7 16	23 58	19 18	⚺		□	⚼		□	⚹	●	∠
25	2 58	11 51	19 32	6 27	7 51	25 9	20 56					⚹				⚺
26	2 57	11 49	19 38	6 27	8 27	26 20	22 29	☌	☍	△		∠	△		⚺	
27	2 57	11 46	19 44	6 26	9 2	27 31	23 57			⚼	☍	⚺	⚼	□	∠	
𝕾	2 56	11 43	19 51	6 25	9 38	28 43	25 20	⚺							⚹	☌
29	2 55	11 41	19 57	6 24	10 13	29 ♒ 54	26 38		⚼			☌		△		
30	2 55	11 38	20 3	6 23	10 49	1 ♓ 5	27 50	∠	△	☍	⚼		☍	⚼	□	⚺
31	2 ♐ 54	11 ♎ 36	20 ♉ 10	6 ♐ 21	11 ♑ 24	2 ♓ 17	28 ♈ 56	⚹			△	⚺				

LAST QUARTER—March 20*d*, 2*h*. 31*m*. *a.m.*

NEW MOON—April 25*d*, 4*h*. 2*m*. *a.m.*

D M	Neptune Lat. ° ′	Neptune Dec. ° ′	Herschel Lat. ° ′	Herschel Dec. ° ′	Saturn Lat. ° ′	Saturn Dec. ° ′	Jupiter Lat. ° ′	Jupiter Dec. ° ′	Mars Lat. ° ′	Mars Dec. ° ′	Mars Dec. ° ′
1	1N42	19 S 4	0N43	3 S 54	1 S 58	15N55	1N 0	20 S 23	0 S 29	23 S 23	23 S 22
3	1 42	19 4	0 43	3 52	1 58	15 59	1 0	20 22	0 32	23 20	23 18
5	1 42	19 3	0 43	3 50	1 58	16 3	1 0	20 21	0 35	23 16	23 14
7	1 42	19 3	0 43	3 48	1 58	16 7	1 1	20 20	0 39	23 11	23 9
9	1 42	19 2	0 43	3 46	1 57	16 10	1 1	20 19	0 42	23 6	23 4
11	1 42	19 2	0 43	3 44	1 57	16 14	1 1	20 18	0 45	23 1	22 58
13	1 42	19 1	0 43	3 42	1 57	16 18	1 1	20 16	0 49	22 55	22 52
15	1 42	19 1	0 43	3 40	1 56	16 22	1 1	20 15	0 52	22 49	22 46
17	1 43	19 0	0 43	3 38	1 56	16 26	1 1	20 13	0 56	22 42	22 39
19	1 43	19 0	0 43	3 36	1 56	16 30	1 1	20 12	1 0	22 35	22 32
21	1 43	18 59	0 43	3 35	1 56	16 34	1 1	20 10	1 4	22 28	22 24
23	1 43	18 59	0 43	3 33	1 55	16 38	1 1	20 8	1 8	22 20	22 17
25	1 43	18 58	0 43	3 31	1 55	16 42	1 1	20 6	1 12	22 13	22 9
27	1 43	18 58	0 43	3 29	1 55	16 46	1 1	20 4	1 16	22 5	22 S 0
29	1 43	18 57	0 43	3 28	1 55	16 50	1 1	20 2	1 20	21 56	—
30	1N43	18 S 57	0N43	3 S 27	1 S 54	16N52	1N 1	20 S 0	1 S 23	21 S 52	

D M	D W	Sidereal Time H. M. S.	☉ Long. ° ′ ″	☉ Dec. ° ′	☽ Long. ° ′ ″	☽ Lat. ° ′	☽ Dec. ° ′	MIDNIGHT ☽ Long. ° ′ ″	MIDNIGHT ☽ Dec. ° ′
1	Th	0 36 47	11♈ 6 51	4N24	27♊21 17	4N13	27N39	3♋51 40	27N15
2	F	0 40 43	12 6 3	4 47	10♋15 46	3 28	26 30	16 34 6	25 25
3	S	0 44 40	13 5 13	5 10	22 47 16	2 33	24 2	28 55 53	22 23
4	𝔖	0 48 36	14 4 20	5 33	5♌ 0 36	1 33	20 31	11♌ 2 1	18 27
5	M	0 52 33	15 3 25	5 56	17 0 47	0N29	16 12	22 57 28	13 49
6	Tu	0 56 29	16 2 27	6 19	28 52 38	0 S 35	11 20	4♍46 49	8 44
7	W	1 0 26	17 1 28	6 41	10♍40 29	1 36	6 5	16 34 5	3N22
8	Th	1 4 23	18 0 26	7 4	22 28 1	2 34	0N38	28 22 37	2S 7
9	F	1 8 19	18 59 22	7 26	4♎18 11	3 25	4 S 51	10♎14 59	7 32
10	S	1 12 16	19 58 16	7 49	16 13 15	4 7	10 11	22 13 11	12 44
11	𝔖	1 16 12	20 57 8	8 11	28 14 55	4 39	15 11	4♏18 38	17 30
12	M	1 20 9	21 55 58	8 33	10♏24 27	4 58	19 39	16 32 29	21 36
13	Tu	1 24 5	22 54 46	8 55	22 42 52	5 4	23 21	28 55 46	24 49
14	W	1 28 2	23 53 32	9 16	5♐ 11 19	4 55	26 0	11♐ 29 42	26 52
15	Th	1 31 58	24 52 16	9 38	17 51 7	4 32	27 24	24 15 48	27 34
16	F	1 35 55	25 50 59	9 59	0♑44 0	3 55	27 21	7♑15 59	26 46
17	S	1 39 52	26 49 40	10 21	13 52 4	3 5	25 47	20 32 30	24 26
18	𝔖	1 43 48	27 48 20	10 42	27 17 35	2 3	22 43	4♒ 7 34	20 40
19	M	1 47 45	28 47 58	11 3	11♒ 2 39	0 S 53	18 19	18 2 57	15 41
20	Tu	1 51 41	29♈45 34	11 23	25 8 30	0N22	12 48	2♓19 13	9 44
21	W	1 55 38	0♉ 44 8	11 44	9♓34 52	1 37	6 S 29	16 55 3	3 S 8
22	Th	1 59 34	1 42 41	12 4	24 19 11	2 47	0N18	1♈46 31	3N44
23	F	2 3 31	2 41 12	12 24	9♈16 10	3 46	7 8	16 47 2	10 27
24	S	2 7 27	3 39 41	12 44	24 17 59	4 30	13 37	1♉47 49	16 34
25	𝔖	2 11 24	4 38 8	13 4	9♉15 17	4 56	19 15	16 39 15	21 37
26	M	2 15 21	5 36 34	13 24	23 58 38	5 1	23 38	1♊12 33	25 14
27	Tu	2 19 17	6 34 58	13 43	8♊20 15	4 47	26 25	15 21 14	27 10
28	W	2 23 14	7 33 19	14 2	22 15 9	4 16	27 29	29 1 53	27 22
29	Th	2 27 10	8 31 39	14 21	5♋41 30	3 32	26 51	12♋14 12	25 58
30	F	2 31 7	9♉ 29 57	14N40	18♋40 21	2N38	24N45	25♋ 0 26	23N14

FIRST QUARTER—April 2*d*, 3*h*. 46*m*. *p.m.*

FULL MOON—April 10*d*, 8*h*. 11*m*. *p.m.*

D M	Venus Lat.	Venus Dec.	Venus Dec.	Mercury Lat.	Mercury Dec.	Mercury Dec.	☽ Node
	° ′	° ′	° ′	° ′	° ′	° ′	° ′
1	0 S 43	10 S 54	10 S 31	2N 37	13N 53	14N 20	21♒10
3	0 48	10 7	9 43	2 52	14 43	15 2	21 4
5	0 54	9 19	8 55	3 3	15 18	15 30	20 57
7	0 59	8 30	8 5	3 10	15 39	15 44	20 51
9	1 5	7 40	7 15	3 11	15 46	15 43	20 44
11	1 9	6 49	6 23	3 6	15 36	15 28	20 38
13	1 14	5 57	5 31	2 55	15 16	15 0	20 32
15	1 18	5 5	4 38	2 38	14 41	14 19	20 25
17	1 22	4 11	3 44	2 16	13 55	13 29	20 19
19	1 25	3 17	2 50	1 49	13 1	12 32	20 13
21	1 28	2 23	1 56	1 18	12 2	11 32	20 6
23	1 31	1 28	1 1	0 45	11 2	10 32	20 0
25	1 34	0 S 33	0 S 6	0 N10	10 3	9 35	19 54
27	1 36	0N 22	0N 50	0 S 23	9 9	8N 45	19 47
29	1 38	1 17		0 55	8 22		19 41
30	1 S 39	1N 45	—	1 S 10	8N 2	—	19♒38

Mutual Aspects

1. ☉ ☍ ♅. ☿ ± ♃. ♀ □ ♆.
2. ♂ ⊥ ♃.
3. ☉ □ ♂. ♀ □ ♃. ♀ ± ♅.
5. ☉ ⊥ ♄. ☿ ⊽ ♆. ♀ Q ♄.
8. ☉ ⚼ ♆. ♀ ⊽ ♅.
9. ☉ ⊥ & P ♀. ☿ Stat.
11. ☉ ⚼ ♃. ♂ ∠ ♆.
12. ☉ ⊻ ♄.
13. ☿ ∠ ♀.
14. ☿ ⊽ ♆.
15. ♀ ⚹ ♂.
16. ♂ ∠ ♃.
17. ☉ ± ♆. ♀ ⚹ ♄.
18. ☉ ⊽ ♇. ☿ ⊥ ♀. ♀ P ♅.
19. ☉ ☌ ☿. ☿ ± ♃. ♂ △ ♄.
20. ☉ ± ♃.
21. ☉ P ☿. ☿ ⊻ ♀. ♀ ☍ ♇.
22. ☿ ⊽ ♇. ☉ ⊽ ♆.
24. ☉ ± ♇. ☿ ± ♆.
25. ☉ ⊽ ♃. ☿ □ ♂. ♀ △ ♆.
27. ♀ △ ♃.
28. ♂ △ ♇.
29. ☿ ⊻ ♄.
30. ♀ ∠ ♄.

D M	♆ Long.	♅ Long.	♄ Long.	♃ Long.	♂ Long.	♀ Long.	☿ Long.	Lunar Aspects ☉	♇	♆	♅	♄	♃	♂	♀	☿
	° ′	° ′	° ′	° ′	° ′	° ′	° ′									
1	2 ♐ 53	11♎33	20♉17	6♐20	11♑59	3♓28	29♈55		□							⚹
2	2 52	11 31	20 23	6 ℞18	12 34	4 40	0♉48	□			□	∠		☍	△	
3	2 51	11 28	20 30	6 16	13 9	5 51	1 34		⚹	⚼		⚹	⚼		⚼	
𝕾	2 50	11 25	20 37	6 14	13 44	7 3	2 13			△			△			□
5	2 49	11 23	20 43	6 12	14 19	8 14	2 46	△	∠		⚹	□				
6	2 48	11 20	20 50	6 9	14 53	9 26	3 11	⚼	⊻	□	∠			⚼		△
7	2 47	11 18	20 57	6 6	15 28	10 38	3 30				⊻		□	△	☍	
8	2 46	11 15	21 4	6 3	16 3	11 50	3 41		☌			△				⚼
9	2 45	11 12	21 11	6 0	16 37	13 1	3 46			⚹		⚼	⚹			
10	2 44	11 10	21 18	5 57	17 11	14 13	3 ℞44	☍		∠	☌		∠	□		
𝕾	2 43	11 7	21 25	5 54	17 46	15 25	3 36		⊻	⊻					⚼	☍
12	2 42	11 5	21 32	5 50	18 20	16 37	3 21		∠		⊻		⊻			
13	2 41	11 2	21 39	5 46	18 54	17 48	3 2		⚹		∠	☍		⚹	△	
14	2 40	11 0	21 46	5 43	19 28	19 0	2 37	⚼		☌	⚹		☌	∠		
15	2 39	10 57	21 54	5 39	20 2	20 12	2 7							⊻	□	⚼
16	2 37	10 55	22 1	5 34	20 35	21 24	1 33	△	□	⊻		⚼	⊻			△
17	2 36	10 52	22 8	5 30	21 9	22 36	0 56			∠	□		∠			
𝕾	2 35	10 50	22 15	5 25	21 43	23 48	0♉17	□	△	⚹		△		☌	⚹	□
19	2 34	10 47	22 23	5 21	22 16	25 0	29♈36		⚼		△		⚹		∠	
20	2 32	10 45	22 30	5 16	22 49	26 12	28 53	⚹			⚼	□		⊻	⊻	⚹
21	2 31	10 43	22 37	5 11	23 22	27 25	28 11	∠		□			□	∠		∠
22	2 30	10 40	22 45	5 6	23 55	28 37	27 29		☍			⚹		⚹	☌	⊻
23	2 28	10 38	22 52	5 0	24 28	29♓49	26 49	⊻		△	☍	∠	△			
24	2 27	10 36	23 0	4 55	25 1	1♈ 1	26 10			⚼		⊻	⚼	□	⊻	☌
𝕾	2 26	10 33	23 7	4 49	25 33	2 13	25 34	☌	⚼							
26	2 24	10 31	23 15	4 44	26 6	3 26	25 1		△		⚼	☌		△	∠	⊻
27	2 23	10 29	23 22	4 38	26 38	4 38	24 32	⊻		☍	△		☍	⚼	⚹	∠
28	2 22	10 27	23 30	4 32	27 10	5 50	24 7	∠	□			⊻				⚹
29	2 20	10 24	23 37	4 26	27 42	7 2	23 46	⚹			□	∠			□	
30	2♐19	10♎22	23♉45	4♐19	28♑14	8♈14	23♈30			⚼		⚹	⚼			□

LAST QUARTER—April 18*d*, 0*h*. 59*m*. *p.m.*

D M	Neptune Lat.	Neptune Dec.	Herschel Lat.	Herschel Dec.	Saturn Lat.	Saturn Dec.	Jupiter Lat.	Jupiter Dec.	Mars Lat.	Mars Dec.	Mars Dec.
	° ′	° ′	° ′	° ′	° ′	° ′	° ′	° ′	° ′	° ′	° ′
1	1 N 43	18 S 56	0 N 43	3 S 26	1 S 54	16 N 54	1 N 1	19 S 59	1 S 25	21 S 48	21 S 43
3	1 43	18 56	0 43	3 24	1 54	16 58	1 1	19 57	1 29	21 39	21 35
5	1 43	18 55	0 43	3 23	1 54	17 2	1 1	19 54	1 34	21 30	21 26
7	1 43	18 54	0 43	3 21	1 54	17 5	1 1	19 52	1 39	21 21	21 17
9	1 43	18 54	0 43	3 20	1 54	17 9	1 1	19 49	1 44	21 12	21 8
11	1 43	18 53	0 43	3 19	1 54	17 13	1 1	19 47	1 49	21 3	20 59
13	1 43	18 53	0 43	3 17	1 53	17 17	1 1	19 44	1 54	20 54	20 50
15	1 43	18 52	0 43	3 16	1 53	17 21	1 1	19 41	2 0	20 45	20 41
17	1 43	18 51	0 42	3 15	1 53	17 24	1 1	19 39	2 5	20 36	20 32
19	1 43	18 51	0 42	3 14	1 53	17 28	1 0	19 36	2 11	20 27	20 23
21	1 43	18 50	0 42	3 13	1 53	17 32	1 0	19 33	2 16	20 19	20 14
23	1 43	18 49	0 42	3 12	1 53	17 35	1 0	19 30	2 22	20 10	20 6
25	1 43	18 49	0 42	3 11	1 53	17 39	1 0	19 27	2 28	20 2	19 57
27	1 43	18 48	0 42	3 10	1 53	17 43	1 0	19 24	2 35	19 53	19 49
29	1 43	18 47	0 42	3 9	1 53	17 46	0 59	19 21	2 41	19 46	19 S 42
31	1 N 43	18 S 47	0 N 42	3 S 9	1 S 53	17 N 50	0 N 59	19 S 18	2 S 48	19 S 38	

D M	D W	Sidereal Time	☉ Long.	☉ Dec.	☽ Long.	☽ Lat.	☽ Dec.	MIDNIGHT ☽ Long.	MIDNIGHT ☽ Dec.
		H. M. S.	° ′ ″	° ′	° ′ ″	° ′	° ′	° ′ ″	° ′
1	S	2 35 3	10 ♉ 28 13	14 N 58	1 ♌ 14 58	1 N 37	21 N 28	7 ♌ 24 35	19 N 29
2	𝕾	2 39 0	11 26 26	15 16	13 29 56	0 N 34	17 19	19 31 43	15 0
3	M	2 42 56	12 24 38	15 34	25 30 35	0 S 30	12 33	1 ♍ 27 14	10 1
4	Tu	2 46 53	13 22 47	15 52	7 ♍ 22 20	1 31	7 24	13 16 31	4 N 43
5	W	2 50 50	14 20 55	16 9	19 10 22	2 28	2 N 1	25 4 28	0 S 43
6	Th	2 54 46	15 19 0	16 26	0 ♎ 59 19	3 19	3 S 26	6 ♎ 55 22	6 8
7	F	2 58 43	16 17 4	16 43	12 53 2	4 1	8 47	18 52 39	11 23
8	S	3 2 39	17 15 6	16 59	24 54 31	4 33	13 53	0 ♏ 58 52	16 16
9	𝕾	3 6 36	18 13 6	17 16	7 ♏ 5 51	4 53	18 30	13 15 37	20 33
10	M	3 10 32	19 11 5	17 31	19 28 14	5 0	22 24	25 43 44	24 1
11	Tu	3 14 29	20 9 2	17 47	2 ♐ 2 7	4 52	25 20	8 ♐ 23 23	26 21
12	W	3 18 25	21 6 58	18 3	14 47 31	4 30	27 2	21 14 28	27 22
13	Th	3 22 22	22 4 52	18 18	27 44 15	3 53	27 19	4 ♈ 16 50	26 52
14	F	3 26 19	23 2 45	18 32	10 ♑ 52 17	3 4	26 3	17 30 36	24 51
15	S	3 30 15	24 0 36	18 47	24 11 55	2 3	23 18	0 ♒ 56 17	21 25
16	𝕾	3 34 12	24 58 27	19 1	7 ♒ 43 51	0 S 55	19 14	14 34 42	16 46
17	M	3 38 8	25 56 16	19 15	21 28 59	0 N 17	14 4	28 26 45	11 11
18	Tu	3 42 5	26 54 4	19 28	5 ♓ 28 4	1 30	8 7	12 ♓ 32 52	4 S 56
19	W	3 46 1	27 51 50	19 41	19 41 4	2 38	1 S 40	26 52 25	1 N 39
20	Th	3 49 58	28 49 36	19 54	4 ♈ 6 35	3 37	4 N 57	11 ♈ 23 7	8 13
21	F	3 53 54	29 ♉ 47 21	20 7	18 41 24	4 23	11 23	26 0 43	14 23
22	S	3 57 51	0 ♊ 45 4	20 19	3 ♉ 20 16	4 52	17 12	10 ♉ 39 8	19 45
23	𝕾	4 1 48	1 42 47	20 31	17 56 23	5 1	22 0	25 11 7	23 53
24	M	4 5 44	2 40 28	20 42	2 ♊ 22 25	4 51	25 24	9 ♊ 29 28	26 29
25	Tu	4 9 41	3 38 8	20 53	16 31 36	4 24	27 8	23 28 13	27 21
26	W	4 13 37	4 35 47	21 4	0 ♋ 18 57	3 41	27 8	7 ♋ 3 31	26 30
27	Th	4 17 34	5 33 24	21 14	13 41 51	2 47	25 31	20 13 59	24 11
28	F	4 21 30	6 31 0	21 24	26 40 9	1 46	22 34	3 ♌ 0 39	20 41
29	S	4 25 27	7 28 35	21 34	9 ♌ 15 54	0 N 41	18 36	15 26 24	16 21
30	𝕾	4 29 23	8 26 8	21 43	21 32 43	0 S 24	13 57	27 35 28	11 26
31	M	4 33 20	9 ♊ 23 39	21 N 52	3 ♍ 35 18	1 S 27	8 N 50	9 ♍ 32 52	6 N 11

EPHEMERIS] **MAY, 1971**

D M	Venus Lat.	Venus Dec.		Mercury Lat.	Mercury Dec.		☽ Node
	° ′	° ′	° ′	° ′	° ′	° ′	° ′
1	1 S 40	2 N 13	2 N 41	1 S 25	7 N 45	7 N 29	19 ♒ 35
3	1 41	3 8	3 36	1 51	7 16	7 6	19 28
5	1 42	4 4	4 31	2 15	6 59	6 54	19 22
7	1 43	4 59	5 26	2 34	6 51	6 51	19 15
9	1 43	5 53	6 20	2 50	6 53	6 58	19 9
11	1 43	6 48	7 15	3 2	7 5	7 14	19 3
13	1 42	7 41	8 8	3 12	7 25	7 38	18 56
15	1 42	8 35	9 1	3 17	7 53	8 9	18 50
17	1 41	9 27	9 53	3 20	8 28	8 48	18 44
19	1 40	10 19	10 45	3 20	9 10	9 33	18 37
21	1 38	11 10	11 35	3 17	9 57	10 23	18 31
23	1 37	12 0	12 25	3 11	10 50	11 18	18 25
25	1 35	12 49	13 13	3 3	11 47	12 17	18 18
27	1 33	13 37	14 0	2 52	12 48	13 19	18 12
29	1 30	14 23	14 N 46	2 39	13 51	14 N 24	18 6
31	1 S 28	15 N 9		2 S 25	14 N 58		17 ♒ 59

Mutual Aspects

1. ⊙⚻♅. 2. ♀☍♅.
3. ⊙□♇. ☿ Stat. ♀Q♂.
4. ♀P♅. 5. ⊙⊻♀, P♇.
7. ⊙±♅. ♀⚼♆.
8. ♀⚼♃. ♂⚹♆.
9. ⊙P♄. ♀⊥♄.
10. ☿⊻♄. ♂⚹♃. ♄⚼♅.
12. ☿P♀, ±♆.
13. ☿±♃. ⚻♇. 14. ♀⊻♄.
15. ⊙P♆. ♀±♃, ±♆.
16. ⊙⚼♅. ♀⚻♇.
17. ⊙☌♄. 18. ⊙△♇.
19. ⊙P♃. ☿⚻♃. ⚻♆.
20. ☿±♇. ♀⚻♃, ⚻♆.
21. ♀±♇.
22. ⊙P♂. ♃☌♆.
23. ⊙☍♃, ☍♆. ♂△♅.
25. ☿⚻♅. ♄△♇.
26. ☿□♂. ♀⚻♅.
27. ☿⚼♇. ♀□♂.
28. ♀⚼♇.
29. ☿±♅. ♂⚼♇.
30. ♂Q♃.
31. ⊙△♅. ♀±♅.

D M	♆ Long.	♅ Long.	♄ Long.	♃ Long.	♂ Long.	♀ Long.	☿ Long.
	° ′	° ′	° ′	° ′	° ′	° ′	° ′
1	2 ♐ 17	10 ♎ 20	23 ♉ 53	4 ♐ 13	28 ♑ 46	9 ♈ 27	23 ♈ 18
𝔖	2 16	10 18	24 0	4 ℞ 7	29 17	10 39	23 ℞ 11
3	2 14	10 16	24 8	4 0	29 ♑ 48	11 51	23 9
4	2 13	10 14	24 16	3 54	0 ♒ 19	13 3	23 D 12
5	2 11	10 12	24 23	3 47	0 50	14 16	23 19
6	2 10	10 10	24 31	3 40	1 21	15 28	23 31
7	2 8	10 8	24 39	3 33	1 52	16 41	23 48
8	2 6	10 6	24 46	3 26	2 22	17 53	24 9
𝔖	2 5	10 4	24 54	3 19	2 52	19 5	24 35
10	2 3	10 2	25 2	3 12	3 22	20 18	25 5
11	2 2	10 0	25 9	3 5	3 52	21 30	25 39
12	2 0	9 59	25 17	2 57	4 21	22 43	26 17
13	1 59	9 57	25 25	2 50	4 51	23 55	26 58
14	1 57	9 55	25 33	2 43	5 20	25 7	27 43
15	1 55	9 54	25 41	2 35	5 48	26 20	28 32
𝔖	1 54	9 52	25 48	2 28	6 17	27 32	29 ♈ 24
17	1 52	9 50	25 56	2 20	6 45	28 45	0 ♉ 20
18	1 51	9 49	26 4	2 13	7 13	29 ♈ 58	1 19
19	1 49	9 48	26 12	2 5	7 41	1 ♉ 10	2 20
20	1 47	9 46	26 19	1 58	8 9	2 23	3 25
21	1 46	9 45	26 27	1 50	8 36	3 35	4 33
22	1 44	9 43	26 35	1 42	9 3	4 48	5 44
𝔖	1 42	9 42	26 43	1 35	9 30	6 1	6 57
24	1 41	9 41	26 50	1 27	9 56	7 13	8 13
25	1 39	9 40	26 58	1 19	10 22	8 26	9 32
26	1 38	9 39	27 6	1 12	10 48	9 38	10 53
27	1 36	9 37	27 14	1 4	11 13	10 51	12 17
28	1 34	9 36	27 21	0 56	11 38	12 4	13 43
29	1 33	9 35	27 29	0 49	12 3	13 16	15 12
𝔖	1 31	9 34	27 37	0 41	12 27	14 29	16 44
31	1 ♐ 30	9 ♎ 34	27 ♉ 44	0 ♐ 34	12 ♒ 51	15 ♉ 42	18 ♉ 18

Lunar Aspects

D M	⊙	♇	♆	♅	♄	♃	♂	♀	☿
1		⚹	△			△	☍		
𝔖	□	∠		⚹				△	
3		⊻		∠	□			⚼	△
4			□	⊻		□			⚼
5	△				△		⚼		
6	⚼	☌	⚹			⚹	△		
7			∠	☌	⚼	∠		☍	
8		⊻							☍
𝔖		∠	⊻	⊻		⊻	□		
10	☍			∠	☍				
11		⚹	☌			☌	⚹	⚼	
12				⚹			∠		⚼
13		□	⊻			⊻		△	△
14	⚼		∠	□	⚼		⊻		
15	△	△			△	∠		□	□
𝔖		⚼	⚹	△		⚹	☌		
17	□			⚼	□				
18			□			□	⊻	⚹	⚹
19					⚹		∠	∠	∠
20	⚹	☍	△	☍		△	⚹	⊻	⊻
21	∠		⚼		∠	⚼			
22	⊻				⊻		□	☌	☌
𝔖		⚼		⚼					
24	☌	△	☍		☌	☍		⊻	⊻
25				△			△		
26	⊻	□			⊻		⚼	∠	∠
27			⚼	□	∠	⚼		⚹	⚹
28	∠	⚹	△		⚹	△			
29	⚹	∠		⚹			☍	□	
𝔖		⊻		∠					□
31			□		□	□			

New Moon—June 22*d*, 9*h*. 58*m*. *p.m.*

D M	Neptune Lat. ° ′	Neptune Dec. ° ′	Herschel Lat. ° ′	Herschel Dec. ° ′	Saturn Lat. ° ′	Saturn Dec. ° ′	Jupiter Lat. ° ′	Jupiter Dec. ° ′	Mars Lat. ° ′	Mars Dec. ° ′	Mars Dec. ° ′
1	1N43	18S46	0N42	3S 8	1S53	17N51	0N59	19S17	2S51	19S34	19S31
3	1 43	18 46	0 42	3 8	1 53	17 55	0 59	19 14	2 58	19 28	19 24
5	1 43	18 45	0 42	3 7	1 53	17 58	0 58	19 11	3 5	19 21	19 18
7	1 43	18 45	0 42	3 7	1 53	18 1	0 58	19 9	3 12	19 15	19 12
9	1 43	18 44	0 42	3 7	1 53	18 5	0 58	19 6	3 19	19 9	19 7
11	1 43	18 44	0 42	3 6	1 53	18 8	0 58	19 3	3 26	19 4	19 2
13	1 43	18 43	0 41	3 6	1 53	18 11	0 57	19 1	3 34	19 0	18 58
15	1 43	18 42	0 41	3 6	1 53	18 14	0 57	18 59	3 42	18 56	18 55
17	1 43	18 42	0 41	3 6	1 53	18 17	0 56	18 56	3 50	18 53	18 52
19	1 43	18 41	0 41	3 6	1 53	18 20	0 56	18 54	3 58	18 51	18 50
21	1 43	18 41	0 41	3 7	1 53	18 23	0 56	18 52	4 6	18 50	18 49
23	1 43	18 40	0 41	3 7	1 53	18 26	0 55	18 50	4 14	18 49	18 49
25	1 42	18 40	0 41	3 7	1 53	18 28	0 55	18 48	4 22	18 49	18 50
27	1 42	18 39	0 41	3 8	1 53	18 31	0 54	18 46	4 31	18 50	18S51
29	1 42	18 39	0 41	3 8	1 54	18 34	0 54	18 45	4 39	18 52	
30	1N42	18S39	0N41	3 S 9	1S54	18N35	0N54	18S44	4S44	18S54	

D M	D W	Sidereal Time H. M. S.	☉ Long. ° ′ ″	☉ Dec. ° ′	☽ Long. ° ′ ″	☽ Lat. ° ′	☽ Dec. ° ′	MIDNIGHT ☽ Long. ° ′ ″	MIDNIGHT ☽ Dec. ° ′
1	Tu	4 37 17	10♊21 10	22N 0	15♍28 52	2S26	3N29	21♍23 56	0N46
2	W	4 41 13	11 18 39	22 8	27 18 46	3 17	1S57	3♎13 57	4S39
3	Th	4 45 10	12 16 7	22 16	9♎10 6	4 1	7 19	15 7 46	9 56
4	F	4 49 6	13 13 33	22 24	21 7 29	4 34	12 28	27 9 41	14 55
5	S	4 53 3	14 10 59	22 30	3♏14 45	4 55	17 13	9♏23 2	19 23
6	𝔖	4 56 59	15 8 23	22 37	15 34 48	5 4	21 21	21 50 12	23 5
7	M	5 0 56	16 5 47	22 43	28 9 23	4 57	24 35	4♐32 23	25 47
8	Tu	5 4 52	17 3 9	22 49	10♐59 10	4 36	26 39	17 29 40	27 10
9	W	5 8 49	18 0 31	22 54	24 3 45	4 0	27 19	0♑41 15	27 4
10	Th	5 12 46	18 57 52	22 59	7♑21 58	3 11	26 25	14 5 40	25 22
11	F	5 16 42	19 55 12	23 4	20 52 9	2 9	23 57	27 41 12	22 11
12	S	5 20 39	20 52 32	23 8	4♒32 38	1S 0	20 6	11♒26 15	17 44
13	𝔖	5 24 35	21 49 51	23 12	18 21 55	0N14	15 7	25 19 28	12 17
14	M	5 28 32	22 47 9	23 15	2♓18 49	1 28	9 17	9♓19 51	6S10
15	Tu	5 32 28	23 44 27	23 18	16 22 26	2 37	2S58	23 26 27	0N16
16	W	5 36 25	24 41 45	23 20	0♈31 45	3 37	3N31	7♈38 7	6 44
17	Th	5 40 21	25 39 3	23 22	14 45 20	4 24	9 52	21 53 5	12 52
18	F	5 44 18	26 36 20	23 24	29 0 59	4 55	15 43	6♉8 38	18 20
19	S	5 48 15	27 33 37	23 25	13♉15 32	5 7	20 42	20 21 10	22 45
20	𝔖	5 52 11	28 30 54	23 26	27 24 59	5 1	24 28	4♊26 24	25 48
21	M	5 56 8	29♊28 10	23 27	11♊24 54	4 37	26 43	18 19 56	27 13
22	Tu	6 0 4	0♋25 27	23 27	25 11 2	3 57	27 18	1♋57 50	26 57
23	W	6 4 1	1 22 42	23 26	8♋10 0	3 4	26 13	15 17 20	25 7
24	Th	6 7 57	2 19 58	23 25	21 49 43	2 3	23 42	28 17 9	21 59
25	F	6 11 54	3 17 13	23 24	4♌39 42	0N56	20 1	10♌57 35	17 51
26	S	6 15 51	4 14 27	23 23	17 11 3	0S11	15 30	23 20 29	13 2
27	𝔖	6 19 47	5 11 41	23 21	29 26 16	1 17	10 28	5♍28 55	7 49
28	M	6 23 44	6 8 54	23 18	11♍28 56	2 19	5N 7	17 26 54	2N24
29	Tu	6 27 40	7 6 7	23 15	23 23 24	3 13	0S20	29 19 4	3S 3
30	W	6 31 37	8♋ 3 20	23N12	5♎14 30	3S59	5S45	11♎10 20	8S23

First Quarter—June 1*d*, 0*h*. 43*m*. *a.m.* and June 30*d*, 6*h*. 12*m*. *p.m.*

Full Moon—June 9*d*, 0*h*. 4*m*. *a.m.*

D M	Venus Lat.	Venus Dec.	Venus Dec.	Mercury Lat.	Mercury Dec.	Mercury Dec.	☽ Node
	° ′	° ′	° ′	° ′	° ′	° ′	° ′
1	1 S 26	15N 31	15N 53	2 S 17	15N 32	16N 6	17♒56
3	1 23	16 14	16 35	1 59	16 40	17 14	17 50
5	1 20	16 55	17 16	1 40	17 49	18 23	17 43
7	1 16	17 35	17 55	1 19	18 57	19 30	17 37
9	1 13	18 13	18 32	0 58	20 3	20 34	17 31
11	1 9	18 50	19 7	0 36	21 5	21 35	17 24
13	1 5	19 24	19 40	0 S 14	22 3	22 29	17 18
15	1 1	19 56	20 12	0 N 8	22 54	23 16	17 12
17	0 56	20 27	20 41	0 29	23 36	23 54	17 5
19	0 52	20 55	21 8	0 48	24 10	24 22	16 59
21	0 47	21 20	21 33	1 6	24 32	24 40	16 53
23	0 43	21 44	21 55	1 21	24 44	24 45	16 46
25	0 38	22 5	22 15	1 33	24 44	24 40	16 40
27	0 33	22 24	22N 32	1 43	24 33	24N 24	16 33
29	0 28	22 40	—	1 49	24 13	—	16 27
30	0 S 26	22N 47		1N 51	23N 58		16♒24

Mutual Aspects

1. ☿P ♀.
2. ☿P ♇. ♀P ♇. ♂Q ♆.
4. ☿⚼♅. 5. ☿P ♄, △ ♇.
6. ☉ △ ♂. ☿ ☌ ♄.
7. ☿ ☍ ♃, P ♃, ☍ ♆, P ♆. [♀⚼♅. ♇ Stat.
8. ☿P ♂. ♀P ♄. 9. ♀ △ ♇.
11. ♀ ☍ ♃, ☌ ♄, P ♆.
12. ☿ △ ♅. ♀P ♂, P ♃. [♂P ♃. ♃ ☍ ♄.
13. ♀ ☍ ♆. 16. ☉P ☿. ☿ △ ♂
17. ♅ Stat. 18. ☉ □ ♇.
20. ☉ ∇ ♃. ☿ ∇ ♃. □ ♇.
21. ☉ ☌ ☿. ☿ ⊻ ♄. [♀ △ ♅.
22. ☉ ⊻ ♄. ☿ ∇ ♆.
23. ☉ ∇ ♆. ☿ ± ♃.
24. ☿ ⚼ ♂, ⊥ ♄, ± ♆.
25. ♄ ☍ ♆. [♂P ♃.
26. ☉ ± ♃. ☿ □ ♅.
27. ☿ ⚼ ♃.
28. ☉ ⚼ ♂. ☿ ± ♂, Q ♇.
29. ☉ ⊥ ♄, ± ♆. ☿ ∠ ♄, [⚼ ♆. ♀ △ ♂. ♂ ± ♇.

D M	♆ Long.	♅ Long.	♄ Long.	♃ Long.	♂ Long.	♀ Long.	☿ Long.	☉	♇	♆	♅	♄	♃	♂	♀	☿
	° ′	° ′	° ′	° ′	° ′	° ′	° ′									
1	1♐28	9♎33	27♉52	0♐26	13♒15	16♉55	19♉54	□			⊻				△	△
2	1 26	9 32	28 0	0 ℞19	13 38	18 7	21 33		☌	✱		△	✱	⚼		
3	1 25	9 31	28 7	0 12	14 1	19 20	23 14	△			☌	⚼		△	⚼	⚼
4	1 23	9 30	28 15	0♐ 4	14 24	20 33	24 58		⊻	∠			∠			
5	1 22	9 30	28 22	29♏57	14 46	21 46	26 45	⚼		⊻			⊻			
§	1 20	9 29	28 30	29 50	15 7	22 58	28♉33		∠		⊻			□		
7	1 18	9 29	28 37	29 43	15 29	24 11	0♊24		✱	☌	∠	☍	☌		☍	☍
8	1 17	9 28	28 45	29 36	15 50	25 24	2 18				✱			✱		
9	1 15	9 28	28 53	29 29	16 10	26 37	4 14	☍	□				⊻			
10	1 14	9 27	29 0	29 22	16 30	27 50	6 12			⊻	□	⚼		∠	⚼	
11	1 12	9 27	29 7	29 15	16 49	29♉ 2	8 12		△	∠			∠	⊻		⚼
12	1 11	9 27	29 15	29 9	17 8	0♊15	10 14	⚼		✱	△	△	✱		△	△
§	1 9	9 26	29 22	29 2	17 27	1 28	12 18	△	⚼		⚼			☌		
14	1 8	9 26	29 30	28 56	17 45	2 41	14 24			□		□	□		□	
15	1 6	9 26	29 37	28 49	18 2	3 54	16 32							⊻		□
16	1 5	9 26	29 44	28 43	18 19	5 7	18 40	□	☍	△		✱	△	∠	✱	
17	1 3	9 26	29 51	28 37	18 36	6 20	20 50			⚼	☍	∠	⚼	✱		
18	1 2	9 26	29♉59	28 31	18 52	7 33	23 1	✱				⊻			∠	✱
19	1 1	9 26	0♊ 6	28 25	19 7	8 46	25 12	∠	⚼					□	⊻	∠
§	0 59	9 26	0 13	28 19	19 22	9 59	27 24	⊻	△	☍	⚼	☌	☍			⊻
21	0 58	9 26	0 20	28 13	19 36	11 12	29♊36				△				☌	
22	0 56	9 27	0 27	28 8	19 49	12 25	1♋47	☌	□			⊻		△		
23	0 55	9 27	0 34	28 2	20 2	13 38	3 58				□		⚼	⚼	⊻	☌
24	0 54	9 27	0 41	27 57	20 14	14 51	6 8		✱	⚼		∠	△			
25	0 52	9 28	0 48	27 52	20 26	16 4	8 18	⊻		△	✱	✱			∠	⊻
26	0 51	9 28	0 55	27 47	20 37	17 17	10 26	∠	∠					☍	✱	
§	0 50	9 29	1 2	27 42	20 47	18 30	12 32		⊻	□	∠	□	□			∠
28	0 49	9 29	1 9	27 38	20 57	19 44	14 38	✱			⊻					✱
29	0 47	9 30	1 16	27 33	21 6	20 57	16 41		☌				✱		□	
30	0♐46	9♎30	1♊23	27♏29	21♒14	22♊10	18♋43	□		✱	☌	△		⚼		

Columns ☉ to ☿ above: Lunar Aspects.

Last Quarter—June 16*d*, 1*h*. 25*m*. *a.m.*

NEW MOON—July 22*d*, 9*h*. 16*m*. *a.m.*

D M	Neptune Lat.	Neptune Dec.	Herschel Lat.	Herschel Dec.	Saturn Lat.	Saturn Dec.	Jupiter Lat.	Jupiter Dec.	Mars Lat.	Mars Dec.	Mars Dec.
	° ′	° ′	° ′	° ′	° ′	° ′	° ′	° ′	° ′	° ′	° ′
1	1N42	18S39	0N41	3S 9	1S54	18N36	0N53	18S43	4S48	18S55	18S57
3	1 42	18 38	0 41	3 10	1 54	18 39	0 53	18 42	4 56	18 59	19 1
5	1 42	18 38	0 41	3 10	1 54	18 41	0 53	18 40	5 5	19 4	19 7
7	1 42	18 37	0 40	3 11	1 54	18 44	0 52	18 39	5 13	19 9	19 13
9	1 42	18 37	0 40	3 12	1 54	18 46	0 52	18 39	5 22	19 16	19 20
11	1 42	18 37	0 40	3 13	1 54	18 48	0 51	18 38	5 30	19 24	19 28
13	1 42	18 36	0 40	3 14	1 55	18 51	0 51	18 37	5 38	19 32	19 36
15	1 42	18 36	0 40	3 15	1 55	18 53	0 50	18 37	5 46	19 41	19 46
17	1 41	18 36	0 40	3 17	1 55	18 55	0 50	18 37	5 54	19 51	19 57
19	1 41	18 36	0 40	3 18	1 55	18 57	0 49	18 37	6 2	20 2	20 8
21	1 41	18 36	0 40	3 19	1 55	18 59	0 49	18 37	6 9	20 13	20 19
23	1 41	18 35	0 40	3 21	1 56	19 0	0 48	18 37	6 16	20 25	20 32
25	1 41	18 35	0 40	3 22	1 56	19 2	0 48	18 37	6 22	20 38	20 44
27	1 41	18 35	0 40	3 24	1 56	19 4	0 47	18 38	6 28	20 51	20 57
29	1 41	18 35	0 40	3 26	1 56	19 6	0 47	18 39	6 33	21 3	21S10
31	1N41	18S35	0N40	3S28	1S57	19N 7	0N46	18S40	6S38	21S16	

D M	D W	Sidereal Time	☉ Long.	☉ Dec.	☽ Long.	☽ Lat.	☽ Dec.	MIDNIGHT ☽ Long.	MIDNIGHT ☽ Dec.
		H. M. S.	° ′ ″	° ′	° ′ ″	° ′	° ′	° ′ ″	° ′
1	Th	6 35 33	9♋ 0 32	23N 8	17♎ 7 12	4S35	10S58	23♎ 5 42	13S27
2	F	6 39 30	9 57 44	23 4	29 6 24	5 0	15 49	5♏ 9 51	18 4
3	S	6 43 26	10 54 55	23 0	11♏16 34	5 11	20 8	17 26 58	22 1
4	𝔖	6 47 23	11 52 6	22 55	23 41 28	5 9	23 40	0♐ 0 22	25 3
5	M	6 51 20	12 49 17	22 50	6♐23 54	4 50	26 9	12 52 15	26 54
6	Tu	6 55 16	13 46 28	22 44	19 25 27	4 17	27 18	26 3 30	27 18
7	W	6 59 13	14 43 39	22 38	2♑46 15	3 29	26 54	9♑33 31	26 6
8	Th	7 3 9	15 40 50	22 31	16 25 1	2 29	24 54	23 20 23	23 18
9	F	7 7 6	16 38 1	22 25	0♒19 13	1 18	21 21	7♒21 3	19 5
10	S	7 11 2	17 35 12	22 17	14 25 24	0S 1	16 32	21 31 47	13 44
11	𝔖	7 14 59	18 32 23	22 10	28 39 42	1N16	10 45	5♓48 39	7 37
12	M	7 18 55	19 29 35	22 2	12♓58 13	2 29	4S23	20 7 56	1S 7
13	Tu	7 22 52	20 26 47	21 53	27 17 25	3 33	2N11	4♈26 18	5N26
14	W	7 26 49	21 23 59	21 45	11♈34 16	4 24	8 37	18 41 1	11 41
15	Th	7 30 45	22 21 13	21 35	25 46 16	4 58	14 35	2♉49 47	17 16
16	F	7 34 42	23 18 27	21 26	9♉51 18	5 14	19 43	16 50 36	21 53
17	S	7 38 38	24 15 41	21 16	23 47 29	5 11	23 44	0♊41 44	25 14
18	𝔖	7 42 35	25 12 57	21 6	7♊33 8	4 50	26 21	14 21 30	27 3
19	M	7 46 31	26 10 13	20 55	21 6 39	4 13	27 22	27 48 25	27 15
20	Tu	7 50 28	27 7 30	20 44	4♋26 41	3 23	26 45	11♋ 1 18	25 53
21	W	7 54 24	28 4 47	20 33	17 32 12	2 23	24 40	23 59 21	23 8
22	Th	7 58 21	29 2 5	20 21	0♌22 43	1 17	21 20	6♌42 22	19 18
23	F	8 2 18	29♋59 23	20 9	12 58 22	0N 8	17 4	19 10 53	14 40
24	S	8 6 14	0♌56 42	19 57	25 20 6	1S 0	12 9	1♍26 15	9 32
25	𝔖	8 10 11	1 54 1	19 44	7♍29 38	2 4	6 51	13 30 35	4N 7
26	M	8 14 7	2 51 21	19 31	19 29 29	3 2	1N22	25 26 47	1S22
27	Tu	8 18 4	3 48 41	19 18	1♎22 55	3 51	4S 5	7♎18 23	6 46
28	W	8 22 0	4 46 2	19 5	13 13 43	4 31	9 23	19 9 28	11 55
29	Th	8 25 57	5 43 23	18 51	25 6 12	4 59	14 21	1♏ 4 30	16 40
30	F	8 29 53	6 40 45	18 36	7♏ 4 55	5 14	18 49	13 8 3	20 49
31	S	8 33 50	7♌38 7	18N22	19♏14 27	5S16	22S36	25♏24 41	24S 9

FIRST QUARTER—July 30*d*, 11*h*. 8*m*. *a.m.*

FULL MOON—July 8*d*, 10*h*. 37*m*. *a.m.*

D M	Venus Lat.	Venus Dec.	Venus Dec.	Mercury Lat.	Mercury Dec.	Mercury Dec.	☽ Node
	° ′	° ′	° ′	° ′	° ′	° ′	° ′
1	0 S 24	22N 53	22N 59	1N 53	23N 42	23N 24	16♒21
3	0 19	23 4	23 9	1 54	23 4	22 42	16 14
5	0 14	23 12	23 15	1 51	22 18	21 53	16 8
7	0 9	23 18	23 20	1 47	21 27	20 59	16 2
9	0 S 4	23 21	23 21	1 40	20 30	20 0	15 55
11	0N 1	23 21	23 20	1 30	19 29	18 57	15 49
13	0 6	23 18	23 16	1 19	18 25	17 52	15 43
15	0 11	23 13	23 9	1 6	17 19	16 45	15 36
17	0 16	23 5	22 59	0 51	16 10	15 36	15 30
19	0 21	22 54	22 47	0 34	15 1	14 26	15 24
21	0 25	22 40	22 32	0N 16	13 51	13 17	15 17
23	0 30	22 24	22 15	0 S 4	12 42	12 8	15 11
25	0 34	22 5	21 55	0 25	11 34	11 0	15 4
27	0 39	21 44	21 32	0 47	10 27	9 54	14 58
29	0 43	21 20	21N 7	1 10	9 22	8N 51	14 52
31	0N 47	20N 53		1 S 33	8N 20		14♒45

Mutual Aspects

1. ☿∇♂. 2. ☉□♅. ♄P♆.
3. ☉P ☿, P ♀. ☿P ♀.
4. ☉⚼♃. ☿△♃, ✱♇. ♀
[∇♃, □♇. ♃P♄.
5. ☿⊻ ♀, Q♅. ♃✱♇.
6. ☿△♆. 7. ☿✱♄. ♀∇♆.
8. ☉± ♂, ⚼♆, Q♇. ♀⊻♄.
9. ♀±♃. 10. ☉∠♄.
11. ☿P ♂, ✱♅. ♂ Stat.
12. ☿P♄. ♀⚼♂, ±♆.
13. ☿P♃, P♆, ∠♇.
14. ☉∇♂. ♀⊥♄, □♅.
15. ☿Q♄. 16. ♀⚼♃.
18. ☿P♇. [♂, ⚼♆, Q♇.
19. ☉△♃. ☿☍♂, ⊥♇. ☿±
20. ☉✱♇. ♂±♇.
21. ☉Q♅.
22. ☉P ♂. ☿∠♅. ♀∠♄.
23. ☉△♆. ☿□♃.
24. ☿⊻♇. ♀∇♂. ♃ Stat.
27. ☉✱♄. ☿□ ♆.
28. ☉P♄. ♀△♃. 29. ♀Q♅, ✱♇.
30. ☉P♃, P♆. ☿⊥♅. ☿P♂.
31. ☿□♄. ♀△♆.

D M	♆ Long.	♅ Long.	♄ Long.	♃ Long.	♂ Long.	♀ Long.	☿ Long.	Lunar Aspects ☉	♇	♆	♅	♄	♃	♂	♀	☿
	° ′	° ′	° ′	° ′	° ′	° ′	° ′									
1	0♐45	9♎31	1♊29	27♏25	21♒22	23♊23	20♋43			∠		⚼	∠	△		□
2	0 44	9 32	1 36	27 ℞21	21 29	24 36	22 41		⊻	⊻			⊻		△	
3	0 43	9 33	1 43	27 17	21 35	25 50	24 37	△	∠		⊻				⚼	
𝕾	0 41	9 33	1 49	27 13	21 40	27 3	26 32	⚼	✱		∠		☌	□		△
5	0 40	9 34	1 56	27 10	21 45	28 16	28♋24			☌	✱	☍				
6	0 39	9 35	2 2	27 6	21 49	29♊29	0♌14							✱		⚼
7	0 38	9 36	2 9	27 3	21 52	0♋43	2 2		□	⊻			⊻	∠	☍	
8	0 37	9 37	2 15	27 0	21 55	1 56	3 49	☍		∠	□	⚼	∠	⊻		
9	0 36	9 39	2 22	26 57	21 56	3 9	5 33		△	✱		△	✱			☍
10	0 35	9 40	2 28	26 54	21 57	4 23	7 15		⚼		△				⚼	
𝕾	0 34	9 41	2 34	26 52	21 ℞57	5 36	8 55	⚼		□	⚼	□	□	☌		
12	0 33	9 42	2 40	26 50	21 57	6 49	10 33	△							△	
13	0 32	9 44	2 46	26 47	21 56	8 3	12 9		☍	△		✱	△	⊻		⚼
14	0 31	9 45	2 52	26 45	21 53	9 16	13 43			⚼	☍	∠	⚼	∠	□	△
15	0 31	9 46	2 58	26 44	21 50	10 30	15 15	□						✱		
16	0 30	9 48	3 4	26 42	21 47	11 43	16 45		⚼			⊻			✱	
17	0 29	9 49	3 10	26 41	21 42	12 57	18 13	✱	△	☍	⚼		☍	□	∠	□
𝕾	0 28	9 51	3 16	26 40	21 37	14 10	19 39	∠			△	☌				
19	0 27	9 53	3 22	26 38	21 31	15 24	21 3	⊻	□					△	⊻	✱
20	0 27	9 54	3 27	26 38	21 24	16 38	22 24				□	⊻		⚼		∠
21	0 26	9 56	3 33	26 37	21 17	17 51	23 44			⚼		∠	⚼		☌	
22	0 25	9 58	3 38	26 36	21 9	19 5	25 1	●	✱	△		✱	△			⊻
23	0 25	10 0	3 44	26 36	21 0	20 18	26 16		∠		✱					
24	0 24	10 1	3 49	26D 36	20 51	21 32	27 28	⊻	⊻	□	∠		□	☍	⊻	●
𝕾	0 24	10 3	3 55	26 36	20 41	22 46	28 38				⊻	□			∠	
26	0 23	10 5	4 0	26 36	20 30	23 59	29♌46	∠							✱	
27	0 22	10 7	4 5	26 37	20 19	25 13	0♍51	✱	☌	✱		△	✱	⚼		⊻
28	0 22	10 9	4 10	26 37	20 7	26 27	1 53			∠	☌		∠			∠
29	0 22	10 11	4 15	26 38	19 54	27 41	2 53		⊻	⊻		⚼	⊻	△	□	
30	0 21	10 14	4 20	26 39	19 41	28♋55	3 50	□	∠		⊻					✱
31	0♐21	10♎16	4♊25	26♏40	19♒28	0♌ 8	4♍44				∠			□		

LAST QUARTER—July 15*d*, 5*h*. 47*m*. *a.m.*

D M	Neptune Lat.	Neptune Dec.	Herschel Lat.	Herschel Dec.	Saturn Lat.	Saturn Dec.	Jupiter Lat.	Jupiter Dec.	Mars Lat.	Mars Dec.	Mars Dec.
	° ′	° ′	° ′	° ′	° ′	° ′	° ′	° ′	° ′	° ′	° ′
1	1 N 41	18 S 35	0 N 40	3 S 28	1 S 57	19 N 8	0 N 46	18 S 40	6 S 40	21 S 23	21 S 29
3	1 41	18 35	0 39	3 30	1 57	19 9	0 46	18 41	6 43	21 35	21 42
5	1 40	18 35	0 39	3 32	1 57	19 11	0 45	18 43	6 46	21 48	21 54
7	1 40	18 35	0 39	3 34	1 58	19 12	0 45	18 44	6 48	21 59	22 5
9	1 40	18 35	0 39	3 36	1 58	19 13	0 44	18 46	6 50	22 11	22 16
11	1 40	18 35	0 39	3 38	1 58	19 14	0 44	18 48	6 51	22 21	22 26
13	1 40	18 35	0 39	3 40	1 58	19 15	0 43	18 50	6 50	22 31	22 35
15	1 40	18 35	0 39	3 43	1 59	19 16	0 43	18 52	6 49	22 39	22 43
17	1 40	18 36	0 39	3 45	1 59	19 17	0 43	18 54	6 47	22 47	22 50
19	1 40	18 36	0 39	3 47	1 59	19 18	0 42	18 56	6 45	22 53	22 56
21	1 40	18 36	0 39	3 50	2 0	19 19	0 42	18 59	6 42	22 59	23 1
23	1 39	18 36	0 39	3 52	2 0	19 20	0 41	19 2	6 38	23 3	23 4
25	1 39	18 37	0 39	3 54	2 0	19 20	0 41	19 4	6 33	23 5	23 6
27	1 39	18 37	0 39	3 57	2 1	19 21	0 40	19 7	6 28	23 6	23 6
29	1 39	18 37	0 39	4 0	2 1	19 21	0 40	19 10	6 22	23 6	23 S 6
31	1 N 39	18 S 37	0 N 39	4 S 2	2 S 1	19 N 22	0 N 40	19 S 14	6 S 16	23 S 5	

D M	D W	Sidereal Time	☉ Long.	☉ Dec.	☽ Long.	☽ Lat.	☽ Dec.	MIDNIGHT ☽ Long.	MIDNIGHT ☽ Dec.
		H. M. S.	° ′ ″	° ′	° ′ ″	° ′	° ′	° ′ ″	° ′
1	𝔖	8 37 47	8 ♌ 35 30	18 N 7	1 ♐ 39 13	5 S 3	25 S 26	7 ♐ 58 31	26 S 26
2	M	8 41 43	9 32 54	17 52	14 23 0	4 35	27 5	20 52 58	27 23
3	Tu	8 45 40	10 30 18	17 37	27 28 41	3 52	27 18	4 ♑ 10 15	26 48
4	W	8 49 36	11 27 43	17 21	10 ♑ 57 44	2 56	25 55	17 51 2	24 37
5	Th	8 53 33	12 25 9	17 5	24 49 55	1 47	22 55	1 ♒ 54 3	20 52
6	F	8 57 29	13 22 35	16 49	9 ♒ 2 58	0 S 30	18 29	16 16 5	15 49
7	S	9 1 26	14 20 3	16 32	23 32 42	0 N 50	12 53	0 ♓ 52 3	9 47
8	𝔖	9 5 22	15 17 32	16 15	8 ♓ 13 19	2 8	6 S 31	15 35 38	3 S 10
9	M	9 9 19	16 15 1	15 58	22 58 8	3 17	0 N 14	0 ♈ 20 0	3 N 37
10	Tu	9 13 16	17 12 32	15 41	7 ♈ 40 27	4 14	6 56	14 58 45	10 8
11	W	9 17 12	18 10 5	15 23	22 14 17	4 53	13 12	29 26 33	16 3
12	Th	9 21 9	19 7 38	15 5	6 ♉ 35 6	5 14	18 39	13 ♉ 39 39	20 59
13	F	9 25 5	20 5 14	14 47	20 39 58	5 15	22 59	27 35 56	24 38
14	S	9 29 2	21 2 51	14 29	4 ♊ 27 29	4 58	25 55	11 ♊ 14 40	26 48
15	𝔖	9 32 58	22 0 29	14 11	17 57 32	4 25	27 18	24 36 12	27 23
16	M	9 36 55	22 58 9	13 52	1 ♋ 10 49	3 38	27 4	7 ♋ 41 32	26 23
17	Tu	9 40 51	23 55 51	13 33	14 8 33	2 41	25 21	20 32 1	24 0
18	W	9 44 48	24 53 34	13 14	26 52 8	1 37	22 22	3 ♌ 9 5	20 29
19	Th	9 48 45	25 51 18	12 54	9 ♌ 23 2	0 N 29	18 22	15 34 10	16 5
20	F	9 52 41	26 49 4	12 35	21 42 41	0 S 39	13 39	27 48 45	11 6
21	S	9 56 38	27 46 51	12 15	3 ♍ 52 34	1 45	8 28	9 ♍ 54 21	5 46
22	𝔖	10 0 34	28 44 39	11 55	15 54 19	2 45	3 N 2	21 52 42	0 N 17
23	M	10 4 31	29 ♌ 42 29	11 35	27 49 47	3 37	2 S 27	3 ♎ 45 52	5 S 9
24	Tu	10 8 27	0 ♍ 40 20	11 14	9 ♎ 41 14	4 19	7 48	15 36 16	10 23
25	W	10 12 24	1 38 13	10 54	21 31 22	4 50	12 53	27 26 55	15 15
26	Th	10 16 20	2 36 6	10 33	3 ♏ 23 23	5 9	17 29	9 ♏ 21 14	19 34
27	F	10 20 17	3 34 1	10 12	15 20 59	5 15	21 27	21 23 9	23 8
28	S	10 24 14	4 31 57	9 51	27 28 18	5 7	24 35	3 ♐ 36 57	25 45
29	𝔖	10 28 10	5 29 55	9 30	9 ♐ 49 40	4 45	26 37	16 7 0	27 10
30	M	10 32 7	6 27 55	9 8	22 29 27	4 8	27 22	28 57 30	27 11
31	Tu	10 36 3	7 ♍ 25 55	8 N 47	5 ♑ 31 34	3 S 18	26 S 37	12 ♑ 12 0	25 S 40

Full Moon—August 6*d*, 7*h*. 43*m*. *p.m.*

D M	Venus Lat.	Venus Dec.	Venus Dec.	Mercury Lat.	Mercury Dec.	Mercury Dec.	☽ Node
	° ′	° ′	° ′	° ′	° ′	° ′	° ′
1	0N 49	20N 39	20N 24	1 S 45	7N 51	7N 22	14♒42
3	0 52	20 9	19 53	2 9	6 55	6 29	14 36
5	0 56	19 37	19 20	2 33	6 4	5 41	14 30
7	1 0	19 2	18 44	2 57	5 19	5 0	14 23
9	1 3	18 25	18 6	3 20	4 42	4 26	14 17
11	1 6	17 46	17 26	3 42	4 13	4 2	14 10
13	1 8	17 5	16 44	4 2	3 53	3 47	14 4
15	1 11	16 23	16 0	4 19	3 44	3 44	13 58
17	1 14	15 38	15 15	4 32	3 47	3 53	13 51
19	1 16	14 52	14 28	4 40	4 3	4 16	13 45
21	1 18	14 4	13 39	4 42	4 31	4 50	13 39
23	1 20	13 14	12 49	4 37	5 11	5 35	13 32
25	1 21	12 23	11 57	4 24	6 1	6 29	13 26
27	1 22	11 31	11 4	4 4	6 59	7 29	13 20
29	1 23	10 37	10N 10	3 37	7 59	8N 29	13 13
31	1N 24	9N 42		3 S 5	8N 58		13♒ 7

Mutual Aspects

3. ☉⚹♅.
4. ♀⚹♄.
5. ☉∠♇.
6. ♀P♄.
8. ☿⊻♀. ♀P♃, ⚹♅, P♆.
10. ☉☍♂, Q♄. ♀∠♇.
12. ☉P♇. ☿ Stat. ♆ Stat.
13. ♀☍♂.
14. ♀Q♄.
15. ☉⊥♇.
18. ♀⊥♇.
19. ☉∠♅. ♀P♇.
21. ☉□♃. ♀∠♅.
22. ☉⊻♇. ♀□♃.
23. ☿□♄, ⊥♅. ♀⊻♇.
24. ☉□♆. ♀□♆. ♂⚼♇.
26. ☉☌☿. ☿☌♀.
27. ☉☌♀.
29. ☉⊥♅. ☿□♆. ♀□♄, ⊥♅.
30. ☉□♄.
31. ☉P☿. ☿□♃, ⊻♇. ♂Q♆. ♃⚹♇.

D M	♆ Long.	♅ Long.	♄ Long.	♃ Long.	♂ Long.	♀ Long.	☿ Long.	☉	♇	♆	♅	♄	♃	♂	♀	☿
	° ′	° ′	° ′	° ′	° ′	° ′	° ′									
𝔖	0♐20	10♎18	4♊30	26♍41	19♒14	1♌22	5♍34		⚹	☌		☍	☌		△	□
2	0 20	10 20	4 34	26 43	19 ℞ 0	2 36	6 21	△			⚹			⚹	⚼	
3	0 20	10 23	4 39	26 44	18 45	3 50	7 5	⚼	□	⊻			⊻	∠		
4	0 19	10 25	4 44	26 46	18 31	5 4	7 45			∠	□		∠			△
5	0 19	10 27	4 48	26 48	18 15	6 18	8 22		△	⚹		⚼	⚹	⊻		⚼
6	0 19	10 30	4 52	26 51	18 0	7 32	8 54	☍	⚼		△	△			☍	
7	0 19	10 32	4 57	26 53	17 44	8 46	9 22			□	⚼		□	☌		
𝔖	0 19	10 35	5 1	26 56	17 29	10 0	9 46					□				☍
9	0 19	10 37	5 5	26 58	17 13	11 14	10 5		☍	△			△	⊻	⚼	
10	0 18	10 40	5 9	27 1	16 57	12 28	10 19	⚼			☍	⚹	⚼	∠	△	
11	0 18	10 42	5 13	27 4	16 41	13 42	10 29	△		⚼		∠		⚹		⚼
12	0 18	10 45	5 17	27 7	16 25	14 56	10 33		⚼			⊻				△
13	0 18	10 48	5 21	27 11	16 9	16 10	10 ℞32	□			⚼		☍	□	□	
14	0 18	10 50	5 25	27 14	15 54	17 24	10 25		△	☍	△	☌				□
𝔖	0 18	10 53	5 28	27 18	15 38	18 38	10 13	⚹						△	⚹	
16	0 19	10 56	5 32	27 22	15 23	19 52	9 56		□			⊻		⚼	∠	
17	0 19	10 59	5 35	27 26	15 8	21 7	9 33	∠		⚼	□		⚼			⚹
18	0 19	11 2	5 38	27 30	14 53	22 21	9 4	⊻	⚹	△		∠	△		⊻	∠
19	0 19	11 5	5 42	27 35	14 38	23 35	8 30		∠		⚹	⚹		☍		⊻
20	0 19	11 8	5 45	27 40	14 24	24 49	7 51	●			∠		□		☌	
21	0 20	11 11	5 48	27 44	14 11	26 3	7 8		⊻	□		□				☌
𝔖	0 20	11 14	5 51	27 49	13 57	27 18	6 21				⊻					
23	0 20	11 17	5 54	27 54	13 45	28 32	5 31	⊻	☌	⚹			⚹	⚼	⊻	
24	0 21	11 20	5 56	28 0	13 33	29♌46	4 38			∠	☌	△	∠	△	∠	⊻
25	0 21	11 23	5 59	28 5	13 21	1♍ 1	3 45	∠				⚼				∠
26	0 21	11 26	6 2	28 10	13 10	2 15	2 50	⚹	⊻	⊻			⊻		⚹	⚹
27	0 22	11 29	6 4	28 16	13 0	3 29	1 57		∠		⊻			□		
28	0 22	11 32	6 6	28 22	12 50	4 44	1 5		⚹	☌	∠		☌			□
𝔖	0 23	11 36	6 9	28 28	12 42	5 58	0♍17	□			⚹	☍		⚹	□	
30	0 23	11 39	6 11	28 34	12 33	7 12	29♌32		□				⊻	∠		
31	0♐24	11♎42	6♊13	28♏40	12♒26	8♍27	28♌53	△		⊻	□				△	△

Last Quarter—August 13*d*, 10*h*. 56*m*. *a.m.*

New Moon—September 19*d*, 2*h*. 43*m*. *p.m.*

D M	Neptune Lat.	Neptune Dec.	Herschel Lat.	Herschel Dec.	Saturn Lat.	Saturn Dec.	Jupiter Lat.	Jupiter Dec.	Mars Lat.	Mars Dec.	Mars Dec.
	° ′	° ′	° ′	° ′	° ′	° ′	° ′	° ′	° ′	° ′	° ′
1	1 N 39	18 S 38	0 N 39	4 S 3	2 S 1	19 N 22	0 N 39	19 S 15	6 S 12	23 S 4	23 S 2
3	1 39	18 38	0 39	4 6	2 2	19 22	0 39	19 18	6 6	23 0	22 58
5	1 39	18 38	0 38	4 9	2 2	19 22	0 39	19 22	5 58	22 55	22 53
7	1 39	18 39	0 38	4 11	2 2	19 22	0 38	19 25	5 51	22 50	22 46
9	1 38	18 39	0 38	4 14	2 3	19 22	0 38	19 29	5 43	22 43	22 39
11	1 38	18 40	0 38	4 17	2 3	19 22	0 37	19 33	5 35	22 34	22 30
13	1 38	18 40	0 38	4 20	2 3	19 22	0 37	19 36	5 27	22 25	22 20
15	1 38	18 41	0 38	4 22	2 4	19 22	0 37	19 40	5 18	22 15	22 10
17	1 38	18 41	0 38	4 25	2 4	19 22	0 36	19 44	5 10	22 4	21 58
19	1 38	18 42	0 38	4 28	2 4	19 22	0 36	19 48	5 1	21 52	21 45
21	1 38	18 43	0 38	4 31	2 5	19 21	0 35	19 52	4 53	21 39	21 32
23	1 38	18 43	0 38	4 34	2 5	19 21	0 35	19 56	4 44	21 24	21 17
25	1 38	18 44	0 38	4 37	2 5	19 20	0 35	20 0	4 36	21 10	21 2
27	1 37	18 45	0 38	4 40	2 5	19 20	0 34	20 4	4 28	20 54	20 S 46
29	1 37	18 45	0 38	4 43	2 6	19 19	0 34	20 8	4 19	20 37	—
30	1 N 37	18 S 46	0 N 38	4 S 44	2 S 6	19 N 19	0 N 34	20 S 10	4 S 15	20 S 29	

D M	D W	Sidereal Time	☉ Long.	☉ Dec.	☽ Long.	☽ Lat.	☽ Dec.	MIDNIGHT ☽ Long.	MIDNIGHT ☽ Dec.
		H. M. S.	° ′ ″	° ′	° ′ ″	° ′	° ′	° ′ ″	° ′
1	W	10 40 0	8 ♍ 23 57	8 N 25	18 ♑ 59 2	2 S 15	24 S 20	25 ♑ 52 49	22 S 37
2	Th	10 43 56	9 22 0	8 4	2 ♒ 53 20	1 S 3	20 32	10 ♒ 0 25	18 8
3	F	10 47 53	10 20 5	7 42	17 13 44	0 N 15	15 26	24 32 45	12 28
4	S	10 51 49	11 18 11	7 20	1 ♓ 56 48	1 35	9 19	9 ♓ 24 59	5 S 59
5	𝔖	10 55 46	12 16 19	6 58	16 56 18	2 49	2 S 34	24 29 38	0 N 54
6	M	10 59 43	13 14 28	6 35	2 ♈ 3 46	3 52	4 N 22	9 ♈ 37 29	7 45
7	Tu	11 3 39	14 12 40	6 13	17 9 35	4 38	11 1	24 38 58	14 7
8	W	11 7 36	15 10 53	5 50	2 ♉ 4 36	5 5	16 58	9 ♉ 25 38	19 33
9	Th	11 11 32	16 9 8	5 28	16 41 25	5 12	21 48	23 51 25	23 42
10	F	11 15 29	17 7 26	5 5	0 ♊ 55 21	4 59	25 13	7 ♊ 53 2	26 20
11	S	11 19 25	18 5 45	4 42	14 44 29	4 29	27 1	21 29 49	27 18
12	𝔖	11 23 22	19 4 7	4 20	28 9 18	3 45	27 11	4 ♋ 43 14	26 40
13	M	11 27 18	20 2 31	3 57	11 ♋ 11 58	2 50	25 48	17 35 56	24 36
14	Tu	11 31 15	21 0 57	3 34	23 55 34	1 48	23 6	0 ♌ 11 18	21 20
15	W	11 35 12	21 59 25	3 11	6 ♌ 23 32	0 N 42	19 22	12 32 42	17 11
16	Th	11 39 8	22 57 55	2 48	18 39 10	0 S 25	14 51	24 43 19	12 23
17	F	11 43 5	23 56 27	2 24	0 ♍ 45 27	1 29	9 49	6 ♍ 45 53	7 11
18	S	11 47 1	24 55 1	2 1	12 44 54	2 29	4 N 29	18 42 44	1 N 46
19	𝔖	11 50 58	25 53 37	1 38	24 39 37	3 22	0 S 58	0 ♎ 35 47	3 S 40
20	M	11 54 54	26 52 15	1 15	6 ♎ 31 25	4 5	6 21	12 26 45	8 57
21	Tu	11 58 51	27 50 55	0 51	18 21 59	4 38	11 29	24 17 21	13 55
22	W	12 2 47	28 49 37	0 28	0 ♏ 13 6	4 59	16 13	6 ♏ 9 30	18 22
23	Th	12 6 44	29 ♍ 48 21	0 N 5	12 6 51	5 7	20 21	18 5 30	22 7
24	F	12 10 41	0 ♎ 47 6	0 S 19	24 5 48	5 2	23 40	0 ♐ 8 10	24 58
25	S	12 14 37	1 45 54	0 42	6 ♐ 13 1	4 43	26 0	12 20 51	26 43
26	𝔖	12 18 34	2 44 43	1 6	18 32 9	4 11	27 7	24 47 26	27 11
27	M	12 22 30	3 43 33	1 29	1 ♑ 7 14	3 26	26 53	7 ♑ 32 5	26 13
28	Tu	12 26 27	4 42 26	1 52	14 2 30	2 30	25 11	20 38 57	23 48
29	W	12 30 23	5 41 20	2 16	27 21 51	1 24	22 4	4 ♒ 11 33	20 0
30	Th	12 34 20	6 ♎ 40 16	2 S 39	11 ♒ 8 15	0 S 11	17 S 37	18 ♒ 12 4	14 S 57

First Quarter—September 27*d*, 5*h*. 18*m*. *p.m.*

Full Moon—September 5*d*, 4*h*. 3*m*. *a.m.*

D M	Venus Lat.	Venus Dec.	Venus Dec.	Mercury Lat.	Mercury Dec.	Mercury Dec.	☽ Node
	° ′	° ′	° ′	° ′	° ′	° ′	° ′
1	1N 24	9N 15	8N 47	2 S 47	9N 26	9N 52	13♒ 4
3	1 25	8 18	7 50	2 11	10 16	10 38	12 57
5	1 25	7 21	6 52	1 32	10 57	11 12	12 51
7	1 24	6 23	5 54	0 55	11 24	11 33	12 45
9	1 24	5 24	4 55	0 S 20	11 37	11 38	12 38
11	1 23	4 25	3 55	0N 12	11 35	11 29	12 32
13	1 22	3 25	2 55	0 39	11 18	11 4	12 26
15	1 21	2 24	1 54	1 2	10 46	10 24	12 19
17	1 20	1 24	0N 53	1 21	10 0	9 32	12 13
19	1 18	0N 23	0 S 8	1 35	9 2	8 29	12 7
21	1 16	0 S 38	1 9	1 44	7 54	7 16	12 0
23	1 14	1 39	2 10	1 50	6 37	5 56	11 54
25	1 12	2 40	3 11	1 52	5 14	4 31	11 48
27	1 9	3 41	4 S 12	1 51	3 47	3N 2	11 41
29	1 6	4 42		1 47	2 17		11 35
30	1N 4	5 S 12	—	1N 44	1N 31	—	11♒32

Mutual Aspects

1. ☿P ♀. 3. ♀∇ ♂, ⊻♅.
5. ☉ ∇ ♂, ⊻♅. ☿ Stat. [♂△♅. ♃P ♄.
7. ♀Q♃.
8. ☉P ♀. ♀± ♂, Q♆.
9. ♂ Stat.
10. ☿⊻♇. ♂Q♃.
11. ☉± ♂, Q♃, Q♆. ☿□♃,
12. ☉P♅. [□♆. ♀P♅.
15. ♀⚼ ♂.
16. ☿□ ♄, ⊥♅. ♃ ♂♆.
17. ♀☌♇. 18. ♀✱♃, ✱♆.
19. ♄ Stat.
20. ☿∇ ♂, ⊻♅. ♂Q♆.
21. ☉P ♀, ⚼ ♂. 22. ♂△♅.
23. ☉☌♇. ♀△♄.
24. ☉✱♆. ☿± ♂, Q♃, Q♆.
25. ☉✱♃.
26. ☿P♅.
27. ☿P ♀.
28. ♀☌♅.
29. ☉P ☿. ♀△ ♂, P♅.
30. ☉△♄. ☿⚼ ♂, ✱♆, [☌♇. ♀∠♆. ♂⚼♇.

D M	♆ Long.	♅ Long.	♄ Long.	♃ Long.	♂ Long.	♀ Long.	☿ Long.	☉	♇	♆	♅	♄	♃	♂	♀	☿
	° ′	° ′	° ′	° ′	° ′	° ′	° ′									
1	0♐25	11♎45	6♊15	28♏47	12♒19	9♍41	28♌20	⚼		∠		⚼	∠	⊻	⚼	⚼
2	0 25	11 49	6 17	28 53	12 ℞13	10 56	27 ℞54		△	✱		△	✱			
3	0 26	11 52	6 18	29 0	12 8	12 10	27 35		⚼		△			☌		
4	0 27	11 55	6 20	29 7	12 4	13 25	27 24			□	⚼	□	□			☍
S	0 28	11 59	6 22	29 14	12 0	14 39	27 D 22	☍						⊻	☍	
6	0 28	12 2	6 23	29 21	11 57	15 54	27 29		☍	△		✱	△	∠		
7	0 29	12 6	6 24	29 28	11 55	17 8	27 44			⚼	☍	∠	⚼	✱		⚼
8	0 30	12 9	6 25	29 36	11 54	18 23	28 8	⚼				⊻			⚼	△
9	0 31	12 12	6 27	29 43	11 53	19 37	28 41	△	⚼					□	△	
10	0 32	12 16	6 28	29 51	11 D 54	20 52	29♌22		△	☍	⚼	☌	☍			□
11	0 33	12 20	6 29	29♏59	11 55	22 6	0♍12	□			△			△		
S	0 34	12 23	6 29	0♐ 7	11 57	23 21	1 9		□					⚼	□	✱
13	0 35	12 27	6 30	0 15	12 0	24 35	2 13			⚼	□	⊻	⚼			
14	0 36	12 30	6 30	0 23	12 3	25 50	3 24	✱	✱			∠			✱	∠
15	0 37	12 34	6 31	0 31	12 7	27 5	4 41	∠		△		✱	△	☍		⊻
16	0 38	12 37	6 31	0 40	12 12	28 19	6 4	⊻	∠		✱				∠	
17	0 39	12 41	6 31	0 48	12 18	29♍34	7 32		⊻	□	∠	□	□		⊻	
18	0 40	12 45	6 32	0 57	12 25	0♎48	9 4				⊻					☌
S	0 41	12 48	6 32	1 6	12 33	2 3	10 40	☌	☌					⚼		
20	0 42	12 52	6 32	1 15	12 41	3 18	12 19			✱		△	✱		☌	
21	0 44	12 56	6 31	1 24	12 50	4 32	14 1			∠	☌	⚼	∠	△		∠
22	0 45	12 59	6 31	1 33	13 0	5 47	15 45	⊻	⊻	⊻			⊻			∠
23	0 46	13 3	6 31	1 42	13 10	7 2	17 31	∠	∠		⊻			□	⊻	
24	0 48	13 7	6 30	1 52	13 21	8 16	19 18		✱		∠				∠	✱
25	0 49	13 11	6 29	2 1	13 33	9 31	21 6	✱		☌		☍	☌		✱	
S	0 50	13 14	6 29	2 11	13 46	10 46	22 55				✱			✱		□
27	0 52	13 18	6 28	2 20	13 59	12 0	24 44	□	□	⊻			⊻	∠		
28	0 53	13 22	6 27	2 30	14 13	13 15	26 34			∠	□		∠	⊻	□	
29	0 55	13 26	6 26	2 40	14 28	14 30	28♍23		△	✱		⚼	✱			△
30	0♐56	13♎29	6♊25	2♐50	14♒43	15♎45	0♎12	△	⚼		△	△		☌	△	⚼

Last Quarter—September 11*d*, 6*h*. 24*m*. *p.m.*

NEW MOON—October 19*d*, 8*h*. 0*m*. *a.m.*

D M	Neptune Lat.	Neptune Dec.	Herschel Lat.	Herschel Dec.	Saturn Lat.	Saturn Dec.	Jupiter Lat.	Jupiter Dec.	Mars Lat.	Mars Dec.	Mars Dec. (even days)
	° ′	° ′	° ′	° ′	° ′	° ′	° ′	° ′	° ′	° ′	° ′
1	1N37	18S46	0N38	4S46	2S 6	19N18	0N34	20S13	4S11	20S20	20S11
3	1 37	18 47	0 38	4 49	2 6	19 18	0 34	20 17	4 3	20 2	19 53
5	1 37	18 47	0 38	4 52	2 7	19 17	0 33	20 21	3 55	19 44	19 34
7	1 37	18 48	0 38	4 55	2 7	19 16	0 33	20 25	3 47	19 24	19 14
9	1 37	18 49	0 38	4 58	2 7	19 15	0 33	20 30	3 39	19 4	18 54
11	1 37	18 50	0 38	5 1	2 7	19 14	0 32	20 34	3 31	18 44	18 33
13	1 37	18 51	0 38	5 3	2 8	19 13	0 32	20 38	3 24	18 22	18 12
15	1 37	18 51	0 38	5 6	2 8	19 12	0 32	20 43	3 16	18 1	17 50
17	1 37	18 52	0 38	5 9	2 8	19 11	0 31	20 47	3 9	17 38	17 27
19	1 37	18 53	0 38	5 12	2 8	19 9	0 31	20 51	3 2	17 15	17 4
21	1 37	18 54	0 38	5 15	2 9	19 8	0 31	20 55	2 55	16 52	16 40
23	1 37	18 55	0 38	5 18	2 9	19 7	0 31	21 0	2 48	16 28	16 15
25	1 36	18 56	0 38	5 21	2 9	19 5	0 30	21 4	2 41	16 3	15 50
27	1 36	18 56	0 38	5 24	2 9	19 4	0 30	21 8	2 35	15 38	15 25
29	1 36	18 57	0 38	5 26	2 9	19 2	0 30	21 12	2 28	15 12	14S59
31	1N36	18S58	0N38	5S29	2S 9	19N 1	0N30	21S16	2S22	14S46	

D M	D W	Sidereal Time	☉ Long.	☉ Dec.	☽ Long.	☽ Lat.	☽ Dec.	MIDNIGHT ☽ Long.	MIDNIGHT ☽ Dec.
		H. M. S.	° ′ ″	° ′	° ′ ″	° ′	° ′	° ′ ″	° ′
1	F	12 38 16	7♎39 14	3S 2	25♒22 53	1N 5	12S 3	2♓40 26	8S56
2	S	12 42 13	8 38 13	3 26	10♓ 4 14	2 19	5S39	17 33 32	2S15
3	𝔖	12 46 10	9 37 15	3 49	25 7 26	3 25	1N12	2♈44 46	4N39
4	M	12 50 6	10 36 18	4 12	10♈24 16	4 17	8 4	18 4 30	11 21
5	Tu	12 54 3	11 35 23	4 35	25 44 2	4 51	14 28	3♉21 26	17 20
6	W	12 57 59	12 34 31	4 58	10♉55 20	5 4	19 55	18 24 34	22 9
7	Th	13 1 56	13 33 41	5 21	25 48 6	4 56	24 0	3♊ 5 11	25 26
8	F	13 5 52	14 32 53	5 44	10♊15 14	4 29	26 26	17 17 58	26 59
9	S	13 9 49	15 32 7	6 7	24 13 16	3 47	27 6	1♋ 1 13	26 48
10	𝔖	13 13 45	16 31 24	6 30	7♋42 4	2 53	26 6	14 16 10	25 3
11	M	13 17 42	17 30 43	6 53	20 44 1	1 52	23 42	27 6 8	22 3
12	Tu	13 21 39	18 30 4	7 15	3♌23 6	0N47	20 10	9♌35 31	18 5
13	W	13 25 35	19 29 28	7 38	15 43 59	0S18	15 50	21 49 5	13 26
14	Th	13 29 32	20 28 54	8 0	27 51 23	1 22	10 56	3♍51 25	8 21
15	F	13 33 28	21 28 22	8 23	9♍49 39	2 21	5 43	15 46 34	3N 2
16	S	13 37 25	22 27 53	8 45	21 42 33	3 13	0N20	27 37 56	2S22
17	𝔖	13 41 21	23 27 25	9 7	3♎33 4	3 56	5S 2	9♎28 11	7 39
18	M	13 45 18	24 27 0	9 29	15 23 32	4 30	10 12	21 19 20	12 40
19	Tu	13 49 14	25 26 36	9 51	27 15 44	4 51	15 1	3♏12 54	17 14
20	W	13 53 11	26 26 15	10 12	9♏11 1	5 0	19 17	15 10 13	21 9
21	Th	13 57 7	27 25 56	10 34	21 10 39	4 56	22 48	27 12 32	24 13
22	F	14 1 4	28 25 39	10 55	3♐16 4	4 38	25 22	9♐21 29	26 13
23	S	14 5 1	29♎25 23	11 16	15 29 3	4 7	26 45	21 39 7	26 58
24	𝔖	14 8 57	0♏25 10	11 37	27 52 0	3 25	26 51	4♑ 8 6	26 22
25	M	14 12 54	1 24 58	11 58	10♑27 51	2 32	25 33	16 51 42	24 23
26	Tu	14 16 50	2 24 47	12 19	23 20 6	1 29	22 54	29 53 32	21 5
27	W	14 20 47	3 24 39	12 39	6♒32 27	0S21	18 59	13♒17 14	16 36
28	Th	14 24 43	4 24 32	13 0	20 8 14	0N51	13 58	27 5 42	11 8
29	F	14 28 40	5 24 27	13 20	4♓ 9 44	2 1	8 6	11♓20 19	4S55
30	S	14 32 36	6 24 23	13 40	18 37 13	3 7	1S38	26 0 0	1N42
31	𝔖	14 36 33	7♏24 21	13S59	3♈28 0	4N 1	5N 4	11♈ 0 20	8N23

FIRST QUARTER—October 27*d*, 5*h*. 55*m*. *a.m.*

D M	Venus Lat. ° ′	Venus Dec. ° ′	Venus Dec. ° ′	Mercury Lat. ° ′	Mercury Dec. ° ′	Mercury Dec. ° ′	☽ Node ° ′
1	1N 3	5 S 42	6 S 12	1N 41	0N 44	0 S 2	11♒28
3	1 0	6 42	7 12	1 33	0 S 48	1 35	11 22
5	0 56	7 41	8 11	1 24	2 21	3 8	11 16
7	0 53	8 40	9 9	1 14	3 54	4 39	11 9
9	0 49	9 38	10 7	1 3	5 25	6 10	11 3
11	0 45	10 35	11 3	0 50	6 54	7 38	10 57
13	0 40	11 31	11 59	0 37	8 22	9 5	10 50
15	0 36	12 26	12 53	0 24	9 47	10 29	10 44
17	0 32	13 20	13 46	0N 10	11 10	11 51	10 38
19	0 27	14 12	14 38	0 S 3	12 31	13 10	10 31
21	0 22	15 3	15 28	0 17	13 48	14 26	10 25
23	0 18	15 53	16 17	0 30	15 2	15 39	10 19
25	0 13	16 41	17 4	0 44	16 14	16 48	10 12
27	0 8	17 27	17 50	0 57	17 22	17 55	10 6
29	0N 3	18 12	18 S 33	1 10	18 27	18 S 57	9 59
31	0 S 2	18 S 54		1 S 22	19 S 27		9♒53

Mutual Aspects

1. ♂Q♃.
2. ☿✱♃. ♀∠♃. ♂P♃.
3. ☿△♄. 4. ♀⚼♄.
6. ☉P♅. 7. ☉☌♅.
8. ☉☌☿. ☿☌♅, P♅.
9. ☿∠♆. ♀∠♆. ♂P♄.
10. ☉∠♆. ☿△♂. ♀⊥♃. ♂P♆.
11. ☉P☿. ☿∠♃. ♀±♄.
12. ☉△♂. ☿⚼♄ ♀⚺♆, ⚺♇.
14. ☉∠♃, ⚼♄. ☿⊥♆.
16. ♀⚺♃, ⚻♄.
17. ☿⊥♃, ±♄. ♀⊥♇.
18. ☿⚺♆, ⚺♇. ♃☍♄.
19. ☉⊥♆. ♀P♇.
21. ☿⚺♃, ⚻♄, ⊥♇.
22. ☿P♇. 23. ☉±♄. ♀⚺♅
24. ☉⚺♇. ♀P♂, ∠♇.
25. ☉⊥♃, ⚺♆. ☿P♂.
27. ☿⚺♅, ∠♇. ♂±♇.
28. ☿P♀. 29. ☉⚻♄. ♀⊥♅.
30. ☉⊥♇. ☿P♄, P♆.
31. ☉P♇. ☿⊥♅. ♀P♄, P♆.

D M	♆ Long. ° ′	♅ Long. ° ′	♄ Long. ° ′	♃ Long. ° ′	♂ Long. ° ′	♀ Long. ° ′	☿ Long. ° ′	☉	♇	♆	♅	♄	♃	♂	♀	☿
1	0♐58	13♎33	6♊23	3♐ 0	14♒59	16♎59	2♎ 1	⚼		□	⚼				⚼	
2	0 59	13 37	6 22	3 10	15 16	18 14	3 50					□	□	⚺		
S	1 1	13 41	6 20	3 21	15 33	19 29	5 38		☍	△				∠		
4	1 2	13 44	6 19	3 31	15 51	20 43	7 25	☍		⚼	☍	✱	△	✱		☍
5	1 4	13 48	6 17	3 42	16 9	21 58	9 12					∠	⚼		☍	
6	1 5	13 52	6 15	3 52	16 28	23 13	10 58		⚼			⚺		□		
7	1 7	13 56	6 13	4 3	16 48	24 28	12 43	⚼	△	☍	⚼					⚼
8	1 9	14 0	6 11	4 14	17 8	25 42	14 28	△			△	☌	☍		⚼	△
9	1 10	14 3	6 9	4 24	17 28	26 57	16 12		□					△	△	
S	1 12	14 7	6 7	4 35	17 50	28 12	17 55				□	⚺		⚼		
11	1 14	14 11	6 5	4 46	18 11	29♎27	19 37	□		⚼		∠	⚼			□
12	1 16	14 15	6 2	4 57	18 33	0♏41	21 19		✱	△		✱	△		□	
13	1 17	14 18	6 0	5 9	18 56	1 56	23 0	✱	∠		✱			☍		
14	1 19	14 22	5 57	5 20	19 19	3 11	24 40		⚺	□	∠				✱	✱
15	1 21	14 26	5 55	5 31	19 43	4 26	26 19	∠			⚺	□	□			∠
16	1 23	14 30	5 52	5 43	20 6	5 40	27 58	⚺							∠	
S	1 25	14 34	5 49	5 54	20 31	6 55	29♎36		☌	✱		△	✱	⚼	⚺	⚺
18	1 27	14 37	5 46	6 6	20 56	8 10	1♏14			∠	☌	⚼	∠	△		
19	1 28	14 41	5 43	6 17	21 21	9 25	2 51	☌	⚺	⚺						
20	1 30	14 45	5 40	6 29	21 47	10 40	4 27				⚺		⚺		☌	☌
21	1 32	14 49	5 36	6 41	22 13	11 54	6 2		∠					□		
22	1 34	14 52	5 33	6 53	22 40	13 9	7 37	⚺	✱	☌	∠	☍	☌			⚺
23	1 36	14 56	5 30	7 5	23 7	14 24	9 12	∠			✱				⚺	
S	1 38	15 0	5 26	7 17	23 34	15 39	10 46	✱	□	⚺				✱	∠	∠
25	1 40	15 3	5 23	7 29	24 2	16 53	12 19			∠	□		⚺	∠		✱
26	1 42	15 7	5 19	7 41	24 30	18 8	13 52					⚼	∠	⚺	✱	
27	1 44	15 11	5 15	7 53	24 58	19 23	15 24	□	△	✱		△	✱			
28	1 46	15 14	5 11	8 5	25 27	20 38	16 56		⚼		△			☌	□	□
29	1 48	15 18	5 7	8 18	25 56	21 53	18 27	△		□	⚼	□	□			
30	1 50	15 22	5 4	8 30	26 25	23 7	19 58	⚼							△	△
S	1♐53	15♎25	5♊ 0	8♐43	26♒55	24♏22	21♏28		☍	△		✱	△	⚺	⚼	⚼

NEW MOON—November 18*d*, 1*h*. 46*m*. *a.m.*

D M	Neptune Lat. ° ′	Neptune Dec. ° ′	Herschel Lat. ° ′	Herschel Dec. ° ′	Saturn Lat. ° ′	Saturn Dec. ° ′	Jupiter Lat. ° ′	Jupiter Dec. ° ′	Mars Lat. ° ′	Mars Dec. ° ′	Mars Dec. ° ′
1	1N36	18S59	0N38	5S31	2S 9	19N 0	0N29	21S18	2S19	14S33	14S19
3	1 36	18 59	0 38	5 33	2 9	18 58	0 29	21 22	2 13	14 6	13 52
5	1 36	19 0	0 38	5 36	2 9	18 57	0 29	21 26	2 7	13 39	13 25
7	1 36	19 1	0 38	5 39	2 10	18 55	0 29	21 30	2 1	13 11	12 57
9	1 36	19 2	0 38	5 41	2 10	18 54	0 28	21 34	1 56	12 43	12 29
11	1 36	19 3	0 38	5 44	2 10	18 52	0 28	21 38	1 50	12 14	12 0
13	1 36	19 4	0 38	5 46	2 10	18 50	0 28	21 42	1 45	11 46	11 31
15	1 36	19 5	0 38	5 49	2 10	18 48	0 28	21 46	1 40	11 16	11 2
17	1 36	19 6	0 38	5 51	2 10	18 47	0 28	21 49	1 35	10 47	10 32
19	1 36	19 7	0 38	5 54	2 9	18 45	0 27	21 53	1 30	10 17	10 2
21	1 36	19 7	0 38	5 56	2 9	18 43	0 27	21 57	1 25	9 46	9 31
23	1 36	19 8	0 38	5 58	2 9	18 41	0 27	22 0	1 20	9 16	9 0
25	1 36	19 9	0 38	6 0	2 9	18 40	0 27	22 3	1 16	8 45	8 29
27	1 36	19 10	0 38	6 3	2 9	18 38	0 27	22 7	1 11	8 14	7S58
29	1 36	19 11	0 39	6 5	2 9	18 36	0 26	22 10	1 7	7 42	—
30	1N36	19S11	0N39	6S 6	2S 9	18N35	0N26	22S11	1S 4	7S26	

D M	D W	Sidereal Time H. M. S.	☉ Long. ° ′ ″	☉ Dec. ° ′	☽ Long. ° ′ ″	☽ Lat. ° ′	☽ Dec. ° ′	MIDNIGHT ☽ Long. ° ′ ″	MIDNIGHT ☽ Dec. ° ′
1	M	14 40 30	8♏24 21	14S19	18♈35 56	4N39	11N35	26♈13 33	14N39
2	Tu	14 44 26	9 24 22	14 38	3♉51 47	4 58	17 29	11♉29 12	20 2
3	W	14 48 23	10 24 25	14 57	19 4 23	4 56	22 14	26 35 59	24 3
4	Th	14 52 19	11 24 31	15 15	4♊ 2 47	4 33	25 26	11♊23 46	26 22
5	F	14 56 16	12 24 38	15 34	18 38 8	3 53	26 50	25 45 20	26 51
6	S	15 0 12	13 24 47	15 52	2♋45 1	3 0	26 25	9♋37 5	25 35
7	𝔖	15 4 9	14 24 59	16 10	16 21 38	1 58	24 24	22 58 55	22 53
8	M	15 8 5	15 25 12	16 28	29 29 20	0N51	21 6	5♌53 22	19 6
9	Tu	15 12 2	16 25 28	16 45	12♌11 37	0S16	16 54	18 24 41	14 33
10	W	15 15 59	17 25 45	17 2	24 33 16	1 20	12 5	0♍38 0	9 32
11	Th	15 19 55	18 26 4	17 19	6♍39 35	2 19	6 55	12 38 37	4N15
12	F	15 23 52	19 26 26	17 36	18 35 45	3 12	1N34	24 31 33	1S 7
13	S	15 27 48	20 26 49	17 52	0♎26 34	3 56	3S47	6♎21 16	6 24
14	𝔖	15 31 45	21 27 14	18 8	12 16 6	4 29	8 58	18 11 27	11 28
15	M	15 35 41	22 27 41	18 23	24 7 38	4 51	13 52	0♏ 4 57	16 8
16	Tu	15 39 38	23 28 9	18 39	6♏ 3 37	5 0	18 15	12 3 50	20 12
17	W	15 43 34	24 28 40	18 54	18 5 45	4 56	21 57	24 9 28	23 29
18	Th	15 47 31	25 29 12	19 8	0♐15 6	4 38	24 45	6♐22 44	25 43
19	F	15 51 28	26 29 45	19 23	12 32 27	4 8	26 24	18 44 20	26 45
20	S	15 55 24	27 30 20	19 36	24 58 28	3 25	26 46	1♑15 1	26 26
21	𝔖	15 59 21	28 30 57	19 50	7♑34 6	2 32	25 45	13 55 55	24 44
22	M	16 3 17	29♏31 35	20 3	20 20 41	1 30	23 23	26 48 39	21 43
23	Tu	16 7 14	0♐32 14	20 16	3♒20 6	0S22	19 46	9♒55 20	17 33
24	W	16 11 10	1 32 54	20 29	16 34 38	0N48	15 0	23 18 19	12 27
25	Th	16 15 7	2 33 35	20 41	0♓ 6 39	1 57	9 36	6♓59 50	6 37
26	F	16 19 4	3 34 17	20 52	13 58 3	3 1	3S31	21 1 20	0S20
27	S	16 23 0	4 35 0	21 4	28 9 37	3 56	2N52	5♈22 40	6N 5
28	𝔖	16 26 57	5 35 44	21 15	12♈40 8	4 36	9 15	20 1 26	12 18
29	M	16 30 53	6 36 29	21 25	27 25 52	5 0	15 13	4♉52 33	17 55
30	Tu	16 34 50	7♐37 16	21S35	12♉20 28	5N 3	20N20	19♉48 30	22N27

FIRST QUARTER—November 25*d*, 4*h*. 37*m*. *p.m.*

D M	Venus Lat.	Venus Dec.	Venus Dec.	Mercury Lat.	Mercury Dec.	Mercury Dec.	☽ Node
	° ′	° ′	° ′	° ′	° ′	° ′	° ′
1	0 S 5	19 S 15	19 S 35	1 S 28	19 S 56	20 S 24	9 ♒ 50
3	0 10	19 54	20 13	1 40	20 51	21 17	9 44
5	0 15	20 32	20 49	1 51	21 42	22 6	9 37
7	0 20	21 7	21 23	2 1	22 29	22 50	9 31
9	0 25	21 39	21 55	2 10	23 11	23 31	9 25
11	0 30	22 10	22 24	2 18	23 49	24 6	9 18
13	0 35	22 37	22 50	2 24	24 21	24 36	9 12
15	0 40	23 2	23 14	2 30	24 49	25 0	9 5
17	0 45	23 25	23 35	2 33	25 11	25 20	8 59
19	0 50	23 44	23 53	2 35	25 28	25 34	8 53
21	0 55	24 1	24 8	2 34	25 38	25 42	8 46
23	0 59	24 15	24 21	2 30	25 43	25 44	8 40
25	1 4	24 26	24 30	2 23	25 43	25 40	8 34
27	1 8	24 34	24 S 37	2 13	25 36	25 S 30	8 27
29	1 12	24 39	—	1 58	25 22	—	8 21
30	1 S 14	24 S 40		1 S 48	25 S 14		8 ♒ 18

Mutual Aspects

1. ☉P♂. [♄P♆.
2. ☉⊻♃. ♀□♂. ♂P♇.
4. ☿P♃.
5. ☉⊥♅. ♀∠♅, ✱♇.
6. ☿□♂, ∠♅. ♀☌♆.
7. ☿☌♆, ✱♇. [▽♇.
8. ☉⊻♅. ♀☍♄. ♂⚼♅.
9. ☉∠♇. ☿☍♄. ♀P♃.
10. ♂□♆.
13. ♂□♄.
14. ☿☌♃. ♀☌♃.
15. ☿Q♇. ♀Q♇.
17. ☉P♄.
18. ☉P♆. ☿✱♅. ♀✱♅.
22. ♃Q♇.
24. ☉∠♅, ✱♇.
25. ☉☍♄, ☌♆. ♂±♅.
27. ♄☍♆.
28. ♀Q♅.
30. ♀Q♂, □♇.

D M	♆ Long.	♅ Long.	♄ Long.	♃ Long.	♂ Long.	♀ Long.	☿ Long.	☉	♇	♆	♅	♄	♃	♂	♀	☿
	° ′	° ′	° ′	° ′	° ′	° ′	° ′									
1	1 ♐ 55	15 ♎ 29	4 ♊ 55	8 ♐ 55	27 ♒ 25	25 ♏ 37	22 ♏ 57			⚼	☍	∠	⚼	∠		
2	1 57	15 32	4 51	9 8	27 55	26 52	24 27	☍				⊻		✱		
3	1 59	15 35	4 47	9 20	28 26	28 6	25 55		⚼							
4	2 1	15 39	4 43	9 33	28 57	29 ♏ 21	27 24		△	☍	⚼	☌	☍	□	☍	☍
5	2 3	15 43	4 38	9 45	29 28	0 ♐ 36	28 ♏ 51				△					
6	2 5	15 46	4 34	9 58	29 ♒ 59	1 51	0 ♐ 18	⚼	□			⊻		△		
S	2 7	15 50	4 30	10 11	0 ♓ 31	3 5	1 45	△		⚼	□	∠		⚼	⚼	⚼
8	2 10	15 53	4 25	10 24	1 3	4 20	3 10		✱	△		✱	⚼		△	△
9	2 12	15 57	4 21	10 37	1 35	5 35	4 36	□	∠		✱		△			
10	2 14	16 0	4 16	10 50	2 7	6 50	6 0									
11	2 16	16 3	4 12	11 3	2 40	8 4	7 24		⊻	□	∠	□	□	☍	□	□
12	2 18	16 7	4 7	11 16	3 13	9 19	8 47	✱			⊻					
13	2 21	16 10	4 2	11 29	3 46	10 34	10 9	∠	☌	✱		△				
S	2 23	16 13	3 57	11 42	4 19	11 48	11 30			∠	☌		✱		✱	✱
15	2 25	16 17	3 53	11 55	4 53	13 3	12 49	⊻				⚼	∠	⚼	∠	∠
16	2 27	16 20	3 48	12 8	5 26	14 18	14 8		⊻	⊻				△		
17	2 30	16 23	3 43	12 21	6 0	15 33	15 25		∠		⊻		⊻		⊻	⊻
18	2 32	16 26	3 38	12 34	6 34	16 47	16 40	☌	✱	☌	∠	☍				
19	2 34	16 29	3 33	12 48	7 8	18 2	17 54				⁙		☌	□	☌	☌
20	2 36	16 32	3 28	13 1	7 43	19 17	19 6	⊻								
S	2 39	16 35	3 24	13 14	8 18	20 31	20 15		□	⊻			⊻	✱		
22	2 41	16 38	3 19	13 28	8 52	21 46	21 22	∠		∠	□	⚼		∠	⊻	⊻
23	2 43	16 41	3 14	13 41	9 27	23 1	22 25	✱	△	✱		△	∠	⊻	∠	∠
24	2 45	16 44	3 9	13 54	10 3	24 16	23 25		⚼		△		✱			
25	2 48	16 47	3 4	14 8	10 38	25 30	24 22	□		□	⚼	□			✱	✱
26	2 50	16 50	2 59	14 21	11 13	26 45	25 14						□	☌		
27	2 52	16 53	2 54	14 35	11 49	28 0	26 0	△	☍	△		✱			□	□
S	2 54	16 56	2 49	14 48	12 25	29 ♐ 14	26 41			⚼	☍	∠	△	⊻		
29	2 57	16 59	2 44	15 2	13 1	0 ♑ 29	27 16	⚼				⊻	⚼	∠	△	△
30	2 ♐ 59	17 ♎ 1	2 ♊ 39	15 ♐ 15	13 ♓ 37	1 ♑ 44	27 ♐ 44		⚼					✱	⚼	⚼

D M	Neptune Lat.	Neptune Dec.	Herschel Lat.	Herschel Dec.	Saturn Lat.	Saturn Dec.	Jupiter Lat.	Jupiter Dec.	Mars Lat.	Mars Dec.	Mars Dec.
	° ′	° ′	° ′	° ′	° ′	° ′	° ′	° ′	° ′	° ′	° ′
1	1N36	19S12	0N39	6S 7	2S 9	18N35	0N26	22S13	1S 2	7S10	6S54
3	1 36	19 13	0 39	6 9	2 8	18 33	0 26	22 16	0 58	6 38	6 22
5	1 36	19 14	0 39	6 11	2 8	18 31	0 26	22 19	0 54	6 6	5 50
7	1 36	19 14	0 39	6 13	2 8	18 30	0 26	22 22	0 50	5 34	5 18
9	1 36	19 15	0 39	6 14	2 8	18 28	0 26	22 25	0 46	5 1	4 45
11	1 36	19 16	0 39	6 16	2 7	18 26	0 25	22 27	0 43	4 29	4 12
13	1 36	19 17	0 39	6 18	2 7	18 25	0 25	22 30	0 39	3 56	3 39
15	1 36	19 18	0 39	6 19	2 7	18 23	0 25	22 33	0 35	3 23	3 6
17	1 36	19 18	0 39	6 21	2 6	18 22	0 25	22 35	0 32	2 50	2 33
19	1 36	19 19	0 39	6 22	2 6	18 21	0 25	22 37	0 29	2 17	2 0
21	1 36	19 20	0 39	6 24	2 6	18 19	0 25	22 39	0 25	1 43	1 27
23	1 36	19 21	0 39	6 25	2 5	18 18	0 24	22 42	0 22	1 10	0 53
25	1 36	19 21	0 39	6 26	2 5	18 17	0 24	22 44	0 19	0 37	0S20
27	1 36	19 22	0 39	6 27	2 4	18 16	0 24	22 46	0 16	0S 3	0N13
29	1 36	19 23	0 39	6 28	2 4	18 15	0 24	22 47	0 13	0N30	0N47
31	1N36	19S23	0N39	6S29	2S 4	18N14	0N24	22S49	0S10	1N 4	

D M	D W	Sidereal Time	☉ Long.	☉ Dec.	☽ Long.	☽ Lat.	☽ Dec.	MIDNIGHT ☽ Long.	MIDNIGHT ☽ Dec.
		H. M. S.	° ′ ″	° ′	° ′ ″	° ′	° ′	° ′ ″	° ′
1	W	16 38 46	8♐ 38 3	21S45	27♉15 31	4N45	24N11	4♊40 20	25N29
2	Th	16 42 43	9 38 52	21 54	12♊ 1 52	4 9	26 21	19 19 6	26 45
3	F	16 46 39	10 39 42	22 3	26 31 11	3 17	26 41	3♋37 25	26 10
4	S	16 50 36	11 40 33	22 11	10♋37 17	2 14	25 15	17 30 30	23 57
5	S	16 54 33	12 41 25	22 19	24 16 54	1N 5	22 20	0♌56 32	20 26
6	M	16 58 29	13 42 18	22 27	7♌29 34	0S 5	18 19	13 56 21	16 1
7	Tu	17 2 26	14 43 13	22 34	20 17 17	1 13	13 34	26 32 52	11 1
8	W	17 6 22	15 44 9	22 41	2♍43 41	2 16	8 23	8♍50 21	5 43
9	Th	17 10 19	16 45 6	22 47	14 53 29	3 11	3N 0	20 53 46	0N18
10	F	17 14 15	17 46 4	22 53	26 51 50	3 57	2S23	2♎48 21	5S 2
11	S	17 18 12	18 47 4	22 58	8♎43 54	4 33	7 38	14 39 7	10 10
12	S	17 22 8	19 48 4	23 3	20 34 32	4 56	12 36	26 30 40	14 56
13	M	17 26 5	20 49 6	23 8	2♏28 0	5 7	17 8	8♏26 55	19 10
14	Tu	17 30 2	21 50 9	23 12	14 27 49	5 5	21 1	20 31 0	22 40
15	W	17 33 58	22 51 12	23 15	26 36 43	4 48	24 4	2♐ 45 9	25 13
16	Th	17 37 55	23 52 17	23 18	8♐ 56 27	4 19	26 3	15 10 44	26 35
17	F	17 41 51	24 53 22	23 21	21 28 2	3 36	26 46	27 48 22	26 36
18	S	17 45 48	25 54 28	23 23	4♑11 43	2 42	26 5	10♑38 5	25 12
19	S	17 49 44	26 55 35	23 25	17 7 25	1 39	23 59	23 39 39	22 26
20	M	17 53 41	27 56 42	23 26	0♒14 47	0S29	20 35	6♒52 46	18 27
21	Tu	17 57 37	28 57 49	23 26	13 33 36	0N43	16 4	20 17 16	13 28
22	W	18 1 34	29♐ 58 57	23 27	27 3 48	1 54	10 42	3♓53 13	7 47
23	Th	18 5 31	1♑ 0 4	23 26	10♓45 31	3 0	4S46	17 40 44	1S39
24	F	18 9 27	2 1 12	23 26	24 38 50	3 56	1N29	1♈39 45	4N37
25	S	18 13 24	3 2 20	23 25	8♈43 24	4 39	7 43	15 49 36	10 45
26	S	18 17 20	4 3 28	23 23	22 58 6	5 5	13 39	0♉ 8 34	16 22
27	M	18 21 17	5 4 36	23 21	7♉20 36	5 12	18 53	14 33 40	21 7
28	Tu	18 25 13	6 5 44	23 18	21 47 12	5 0	23 2	29 0 32	24 36
29	W	18 29 10	7 6 52	23 15	6♊13 0	4 29	25 46	13♊23 50	26 30
30	Th	18 33 6	8 8 1	23 12	20 32 22	3 41	26 47	27 37 53	26 37
31	F	18 37 3	9♑ 9 9	23S 8	4♋39 45	2N40	26N 2	11♋37 25	25N 2

D M	Venus Lat. ° ′	Venus Dec. ° ′	Venus Dec. ° ′	Mercury Lat. ° ′	Mercury Dec. ° ′	Mercury Dec. ° ′	☽ Node ° ′
1	1 S 16	24 S 41	24 S 41	1 S 37	25 S 3	24 S 51	8 ♒ 15
3	1 20	24 40	24 38	1 12	24 38	24 23	8 8
5	1 24	24 36	24 33	0 40	24 6	23 48	8 2
7	1 27	24 29	24 24	0 S 4	23 28	23 7	7 56
9	1 30	24 19	24 13	0 N 36	22 44	22 21	7 49
11	1 33	24 6	23 58	1 16	21 57	21 32	7 43
13	1 36	23 50	23 41	1 53	21 9	20 46	7 36
15	1 38	23 31	23 21	2 22	20 25	20 6	7 30
17	1 40	23 10	22 58	2 43	19 50	19 37	7 24
19	1 42	22 45	22 32	2 55	19 28	19 22	7 17
21	1 44	22 18	22 4	2 58	19 19	19 18	7 11
23	1 45	21 48	21 33	2 54	19 21	19 26	7 5
25	1 46	21 16	20 59	2 46	19 33	19 42	6 58
27	1 47	20 42	20 23	2 34	19 53	20 4	6 52
29	1 47	20 5	19 S 45	2 19	20 17	20 S 30	6 46
31	1 S 48	19 S 25		2 N 3	20 S 44		6 ♒ 39

Mutual Aspects

1. ♀∇♄, ⚺♆.
3. ☿P♀. ☿ Stat. 4. ♂□♃.
5. ☉P♃. ♀±♄. ♂P♅. [♄⚼♅.
6. ☉Q♇. ♀⊥♆. ♂∇♅.
9. ☉P☿
10. ☉☌♃, ✱♅. ☿P♃. [♂Q♄. ♃✱♅. ♄△♇.
12. ☉☌☿. ☿□♂. ♀⚼♄.
13. ♀⚺♃, □♅, ∠♆.
14. ☿⚺♀, ☌♃, ✱♅.
15. ☉□♂.
16. ☉P♀. ☿⊥♀. 18. ☿Q♇.
19. ♀✱♂, ⊥♃. 20. ♀P♃.
21. ☿∠♀, P♆.
22. ☉Q♅. ☿ Stat.
23. ☉∇♄. ☿P♆. ♀△♄.
24. ☉□♇. ♀△♇.
26. ☉⚺♀, ⚺♆. ♀✱♆.
27. ♂✱♄.
28. ☉±♄. ☿Q♇. ♀∠♃.
29. ☿P♀. ♂☍♇.
31. ♀P♆.

D M	♆ Long. ° ′	♅ Long. ° ′	♄ Long. ° ′	♃ Long. ° ′	♂ Long. ° ′	♀ Long. ° ′	☿ Long. ° ′	☉	♇	♆	♅	♄	♃	♂	♀	☿
1	3 ♐ 1	17 ♎ 4	2 ♊ 34	15 ♐ 29	14 ♓ 13	2 ♑ 58	28 ♐ 3		△	☍	⚼	☌				
2	3 3	17 7	2 30	15 42	14 49	4 13	28 14	☍			△		☍	□		
3	3 6	17 10	2 25	15 56	15 26	5 27	28 ℞ 15		□			⚺				☍
4	3 8	17 12	2 20	16 9	16 2	6 42	28 6				□	∠		△	☍	
S	3 10	17 15	2 15	16 23	16 39	7 57	27 45	⚼		⚼						
6	3 12	17 17	2 10	16 36	17 15	9 11	27 14		✱	△		✱	⚼	⚼		⚼
7	3 15	17 20	2 6	16 50	17 52	10 26	26 31	△	∠		✱		△		⚼	△
8	3 17	17 22	2 1	17 3	18 29	11 40	25 37		⚺	□	∠	□				
9	3 19	17 24	1 56	17 17	19 6	12 55	24 34	□			⚺		□	☍	△	
10	3 21	17 27	1 52	17 31	19 44	14 9	23 22		☌			△				□
11	3 23	17 29	1 47	17 44	20 21	15 24	22 4			✱						
S	3 26	17 31	1 42	17 58	20 58	16 38	20 42	✱		∠	☌	⚼	✱		□	✱
13	3 28	17 34	1 38	18 11	21 36	17 53	19 19	∠	⚺	⚺			∠	⚼		∠
14	3 30	17 36	1 33	18 25	22 13	19 7	17 58		∠		⚺		⚺		✱	⚺
15	3 32	17 38	1 29	18 39	22 51	20 22	16 41	⚺	✱		∠	☍		△		
16	3 34	17 40	1 25	18 52	23 29	21 36	15 31			☌					∠	☌
17	3 36	17 42	1 20	19 6	24 6	22 51	14 29	☌			✱		☌	□	⚺	
18	3 39	17 44	1 16	19 19	24 24	24 5	13 37		□	⚺						
S	3 41	17 46	1 12	19 33	25 22	25 19	12 56			∠	□	⚼	⚺			⚺
20	3 43	17 48	1 8	19 46	26 0	26 34	12 26	⚺	△	✱		△	∠	✱	●	∠
21	3 45	17 49	1 4	20 0	26 39	27 48	12 7	∠	⚼		△		✱	∠		✱
22	3 47	17 51	1 0	20 13	27 17	29 ♑ 2	11 58	✱		□	⚼	□		⚺	⚺	
23	3 49	17 53	0 56	20 27	27 55	0 ♒ 17	12 D 0								∠	□
24	3 51	17 55	0 52	20 40	28 33	1 31	12 10					✱	□	☌		
25	3 53	17 56	0 48	20 54	29 12	2 45	12 29	□	☍	△		∠			✱	△
S	3 55	17 58	0 44	21 7	29 ♓ 50	4 0	12 56			⚼	☍	⚺	△			⚼
27	3 57	17 59	0 41	21 21	0 ♈ 29	5 14	13 29	△					⚼	⚺	□	
28	3 59	18 0	0 37	21 34	1 7	6 28	14 9	⚼	⚼					∠		
29	4 1	18 1	0 34	21 48	1 46	7 42	14 54		△	☍	⚼	☌		✱	△	
30	4 3	18 3	0 30	22 1	2 25	8 56	15 44				△		☍		⚼	☍
31	4 ♐ 5	18 ♎ 5	0 ♊ 27	22 ♐ 14	3 ♈ 3	10 ♒ 10	16 ♐ 39	☍	□			⚺		□		

JANUARY

D	☉			☽			♂	♀		☿		☽ dec.	
	°	′	″	°	′	″	′	°	′	°	′	°	′
1	1	1	10	14	20	46	38	0	51	1	1	6	35
2	1	1	10	14	11	56	38	0	51	0	51	6	37
3	1	1	10	14	1	37	38	0	51	0	41	6	19
4	1	1	9	13	50	35	37	0	53	0	31	5	44
5	1	1	8	13	39	10	38	0	53	0	21	4	49
6	1	1	10	13	27	27	38	0	54	0	11	3	39
7	1	1	8	13	15	15	38	0	54	0	2	2	16
8	1	1	8	13	2	34	38	0	55	0	7	0	44
9	1	1	8	12	49	23	38	0	56	0	15	0	48
10	1	1	7	12	36	0	38	0	56	0	22	2	10
11	1	1	7	12	22	56	38	0	57	0	29	3	20
12	1	1	7	12	10	49	38	0	58	0	35	4	13
13	1	1	6	12	0	28	38	0	57	0	40	4	51
14	1	1	6	11	52	42	38	0	59	0	45	5	15
15	1	1	6	11	48	17	38	0	59	0	49	5	28
16	1	1	6	11	47	53	37	0	59	0	54	5	30
17	1	1	5	11	52	4	38	1	0	0	57	5	24
18	1	1	4	12	1	9	38	1	0	1	0	5	9
19	1	1	5	12	15	11	38	1	1	1	3	4	41
20	1	1	4	12	33	57	38	1	1	1	5	3	58
21	1	1	4	12	56	40	38	1	1	1	8	2	59
22	1	1	4	13	22	4	37	1	2	1	10	1	39
23	1	1	2	13	48	18	38	1	3	1	12	0	1
24	1	1	3	14	13	5	38	1	2	1	13	1	46
25	1	1	2	14	33	51	38	1	3	1	16	3	32
26	1	1	0	14	48	26	37	1	3	1	17	5	1
27	1	1	0	14	55	19	38	1	4	1	18	6	7
28	1	0	59	14	54	9	38	1	3	1	19	6	43
29	1	0	57	14	45	38	38	1	4	1	21	6	54
30	1	0	56	14	31	25	37	1	5	1	22	6	39
31	1	0	55	14	13	27	38	1	4	1	23	6	3

FEBRUARY

D	☉			☽			♂	♀		☿		☽ dec.	
	°	′	″	°	′	″	′	°	′	°	′	°	′
1	1	0	54	13	53	43	37	1	5	1	24	5	8
2	1	0	52	13	33	52	38	1	5	1	25	3	57
3	1	0	52	13	14	58	37	1	5	1	26	2	34
4	1	0	49	12	57	43	38	1	6	1	27	1	4
5	1	0	48	12	42	27	38	1	6	1	27	0	26
6	1	0	47	12	29	7	37	1	6	1	29	1	50
7	1	0	45	12	17	41	38	1	6	1	30	3	1
8	1	0	44	12	8	2	37	1	6	1	30	3	59
9	1	0	42	12	0	8	37	1	7	1	31	4	41
10	1	0	41	11	54	4	38	1	6	1	32	5	10
11	1	0	40	11	50	1	37	1	8	1	33	5	26
12	1	0	39	11	48	18	38	1	7	1	34	5	31
13	1	0	37	11	49	21	37	1	7	1	35	5	27
14	1	0	36	11	53	38	37	1	8	1	35	5	12
15	1	0	35	12	1	35	38	1	7	1	37	4	47
16	1	0	34	12	13	35	37	1	8	1	37	4	9
17	1	0	32	12	29	49	37	1	8	1	38	3	17
18	1	0	31	12	50	10	37	1	8	1	39	2	6
19	1	0	30	13	14	6	38	1	9	1	40	0	40
20	1	0	29	13	40	31	37	1	8	1	41	0	59
21	1	0	27	14	7	38	37	1	9	1	42	2	43
22	1	0	26	14	33	5	37	1	8	1	43	4	20
23	1	0	25	14	54	3	37	1	9	1	43	5	40
24	1	0	22	15	7	50	37	1	9	1	45	6	36
25	1	0	21	15	12	29	37	1	9	1	46	7	3
26	1	0	19	15	7	18	37	1	10	1	47	7	1
27	1	0	17	14	53	6	37	1	9	1	47	6	33
28	1	0	15	14	32	1	37	1	9	1	49	5	40

MARCH

D	☉			☽			♂	♀		☿		☽ dec.	
	°	′	″	°	′	″	′	°	′	°	′	°	′
1	1	0	13	14	6	48	37	1	10	1	50	4	28
2	1	0	11	13	40	16	37	1	9	1	51	3	2
3	1	0	9	13	12	44	36	1	10	1	52	1	29
4	1	0	7	12	51	49	37	1	10	1	52	0	5
5	1	0	5	12	32	24	37	1	9	1	54	1	31
6	1	0	3	12	16	54	36	1	10	1	55	2	45
7	1	0	0	12	5	9	37	1	10	1	55	3	44
8	0	59	59	11	56	54	36	1	11	1	57	4	30
9	0	59	56	11	51	43	37	1	10	1	57	5	1
10	0	59	55	11	49	6	36	1	10	1	57	5	21
11	0	59	52	11	48	44	37	1	10	1	58	5	31
12	0	59	50	11	50	21	36	1	11	1	58	5	29
13	0	59	49	11	53	51	36	1	10	1	59	5	17
14	0	59	47	11	59	22	37	1	11	1	58	4	54
15	0	59	45	12	7	5	36	1	10	1	58	4	18
16	0	59	43	12	17	25	36	1	11	1	57	3	29
17	0	59	42	12	30	42	36	1	11	1	56	2	25
18	0	59	40	12	47	14	36	1	11	1	55	1	5
19	0	59	38	13	7	5	36	1	10	1	53	0	24
20	0	59	36	13	29	55	36	1	11	1	50	2	2
21	0	59	35	13	54	48	36	1	11	1	48	3	35
22	0	59	33	14	20	7	36	1	12	1	46	4	58
23	0	59	31	14	43	30	36	1	11	1	41	6	5
24	0	59	29	15	2	1	35	1	11	1	38	6	48
25	0	59	27	15	12	46	36	1	11	1	33	7	4
26	0	59	25	15	13	39	35	1	11	1	28	6	53
27	0	59	23	15	4	2	36	1	12	1	23	6	14
28	0	59	21	14	45	8	35	1	11	1	18	5	8
29	0	59	19	14	19	32	36	1	11	1	12	3	42
30	0	59	17	13	50	34	35	1	12	1	6	2	4
31	0	59	14	13	21	22	35	1	11	0	59	0	25

APRIL

D	☉			☽			♂	♀		☿		☽ dec.	
	°	′	″	°	′	″	′	°	′	°	′	°	′
1	0	59	12	12	54	29	35	1	12	0	53	1	9
2	0	59	10	12	31	30	35	1	11	0	46	2	28
3	0	59	7	12	13	20	35	1	12	0	39	3	31
4	0	59	5	12	0	11	35	1	11	0	33	4	19
5	0	59	2	11	51	51	34	1	12	0	25	4	52
6	0	59	1	11	47	51	35	1	12	0	19	5	15
7	0	58	58	11	47	32	35	1	12	0	11	5	27
8	0	58	56	11	50	10	34	1	11	0	5	5	29
9	0	58	54	11	55	4	34	1	12	0	2	5	20
10	0	58	52	12	1	40	35	1	12	0	8	5	0
11	0	58	50	12	9	32	34	1	12	0	15	4	28
12	0	58	48	12	18	25	34	1	11	0	19	3	42
13	0	58	46	12	28	27	34	1	12	0	25	2	39
14	0	58	44	12	39	48	34	1	12	0	30	1	24
15	0	58	43	12	52	53	33	1	12	0	34	0	3
16	0	58	41	13	8	4	34	1	12	0	37	1	34
17	0	58	40	13	25	31	34	1	12	0	39	3	4
18	0	58	38	13	45	4	33	1	12	0	41	4	24
19	0	58	36	14	5	51	33	1	12	0	43	5	31
20	0	58	34	14	26	22	33	1	13	0	42	6	19
21	0	58	33	14	44	19	33	1	12	0	42	6	47
22	0	58	31	14	56	59	33	1	12	0	40	6	50
23	0	58	29	15	1	49	33	1	12	0	39	6	29
24	0	58	27	14	57	18	32	1	12	0	36	5	38
25	0	58	26	14	43	21	33	1	13	0	33	4	23
26	0	58	24	14	21	37	32	1	12	0	29	2	47
27	0	58	21	13	54	54	32	1	12	0	25	1	4
28	0	58	20	13	26	21	32	1	12	0	21	0	38
29	0	58	18	12	58	51	32	1	12	0	16	2	6
30	0	58	16	12	34	37	32	1	13	0	12	3	17

MAY

D	☉ °	′	″	☽ °	′	″	♂ ′	♀ °	′	☿ °	′	☽ dec. °	′
1	0	58	13	12	14	58	31	1	12	0	7	4	9
2	0	58	12	12	0	39	31	1	12	0	2	4	46
3	0	58	9	11	51	45	31	1	12	0	3	5	9
4	0	58	8	11	48	2	31	1	13	0	7	5	23
5	0	58	5	11	48	57	31	1	12	0	12	5	27
6	0	58	4	11	53	43	31	1	13	0	17	5	21
7	0	58	2	12	1	29	30	1	12	0	21	5	6
8	0	58	0	12	11	20	30	1	12	0	26	4	37
9	0	57	59	12	22	23	30	1	13	0	30	2	54
10	0	57	57	12	33	53	30	1	12	0	34	2	56
11	0	57	56	12	45	24	29	1	13	0	38	1	42
12	0	57	54	12	56	44	30	1	12	0	41	0	17
13	0	57	53	13	8	2	29	1	12	0	45	1	16
14	0	57	51	13	19	38	28	1	13	0	49	2	45
15	0	57	51	13	31	56	29	1	12	0	52	4	4
16	0	57	49	13	45	8	28	1	13	0	56	5	10
17	0	57	48	13	59	5	28	1	13	0	59	5	57
18	0	57	46	14	13	0	28	1	12	1	1	6	27
19	0	57	46	14	25	31	28	1	13	1	5	6	37
20	0	57	45	14	34	49	27	1	12	1	8	6	26
21	0	57	43	14	48	52	27	1	13	1	11	5	49
22	0	57	43	14	36	7	27	1	13	1	13	4	48
23	0	57	41	14	26	2	26	1	12	1	16	3	24
24	0	57	40	14	9	11	26	1	13	1	19	1	44
25	0	57	39	13	47	21	26	1	12	1	21	0	0
26	0	57	37	13	22	54	25	1	13	1	24	1	37
27	0	57	36	12	58	18	25	1	13	1	26	2	57
28	0	57	35	12	35	45	25	1	12	1	29	3	58
29	0	57	33	12	16	49	24	1	13	1	32	4	39
30	0	57	31	12	2	35	24	1	13	1	34	5	7
31	0	57	31	11	53	34	24	1	13	1	36	5	21

JUNE

D	☉ °	′	″	☽ °	′	″	♂ ′	♀ °	′	☿ °	′	☽ dec. °	′
1	0	57	29	11	49	54	23	1	12	1	39	5	26
2	0	57	28	11	51	20	23	1	13	1	41	5	22
3	0	57	26	11	57	23	23	1	13	1	44	5	9
4	0	57	26	12	7	16	22	1	13	1	47	4	45
5	0	57	24	12	20	3	21	1	12	1	48	4	8
6	0	57	24	12	34	35	22	1	13	1	51	3	14
7	0	57	22	12	49	47	21	1	13	1	54	2	4
8	0	57	22	13	4	35	20	1	13	1	56	0	40
9	0	57	21	13	18	13	20	1	13	1	58	0	54
10	0	57	20	13	30	11	19	1	12	2	0	2	28
11	0	57	20	13	40	29	19	1	13	2	2	3	51
12	0	57	19	13	49	17	19	1	13	2	4	4	59
13	0	57	18	13	56	54	18	1	13	2	6	5	50
14	0	57	18	14	3	37	17	1	13	2	8	6	19
15	0	57	18	14	9	19	17	1	13	2	8	6	29
16	0	57	18	14	13	35	17	1	13	2	10	6	21
17	0	57	17	14	15	39	16	1	13	2	11	5	51
18	0	57	17	14	14	33	15	1	13	2	11	4	59
19	0	57	17	14	9	27	15	1	13	2	12	3	46
20	0	57	16	13	59	55	14	1	13	2	12	2	15
21	0	57	17	13	46	8	13	1	13	2	11	0	35
22	0	57	15	13	28	58	13	1	13	2	11	1	5
23	0	57	16	13	9	43	12	1	13	2	10	2	31
24	0	57	15	12	49	59	12	1	13	2	10	3	41
25	0	57	14	12	31	21	11	1	13	2	8	4	31
26	0	57	14	12	15	13	10	1	13	2	6	5	2
27	0	57	13	12	2	40	10	1	14	2	6	5	21
28	0	57	13	11	54	28	9	1	13	2	3	5	27
29	0	57	13	11	51	6	8	1	13	2	2	5	25
30	0	57	12	11	52	42	8	1	13	2	0	5	13

JULY

D	☉ °	′	″	☽ °	′	″	♂ ′	♀ °	′	☿ °	′	☽ dec. °	′
1	0	57	12	11	59	12	7	1	13	1	58	4	51
2	0	57	11	12	10	10	6	1	14	1	56	4	19
3	0	57	11	12	24	54	5	1	13	1	55	3	32
4	0	57	11	12	42	26	5	1	13	1	52	2	29
5	0	57	11	13	1	33	4	1	13	1	50	1	9
6	0	57	11	13	20	48	3	1	14	1	48	0	24
7	0	57	11	13	38	46	3	1	13	1	47	2	0
8	0	57	11	13	54	12	1	1	13	1	44	3	33
9	0	57	11	14	6	11	1	1	14	1	42	4	49
10	0	57	11	14	14	18	0	1	13	1	40	5	47
11	0	57	12	14	18	31	0	1	13	1	38	6	22
12	0	57	12	14	19	12	1	1	14	1	36	6	34
13	0	57	12	14	16	51	3	1	13	1	34	6	26
14	0	57	14	14	12	0	3	1	14	1	32	5	58
15	0	57	14	14	5	2	3	1	13	1	30	5	8
16	0	57	14	13	56	11	5	1	14	1	28	4	1
17	0	57	16	13	45	39	5	1	13	1	26	2	37
18	0	57	16	13	33	31	6	1	14	1	24	1	1
19	0	57	17	13	20	2	7	1	14	1	21	0	37
20	0	57	17	13	5	31	7	1	13	1	20	2	5
21	0	57	18	12	50	31	8	1	14	1	17	3	20
22	0	57	18	12	35	39	9	1	13	1	15	4	16
23	0	57	19	12	21	44	9	1	14	1	12	4	55
24	0	57	19	12	9	32	10	1	14	1	10	5	18
25	0	57	20	11	59	51	11	1	13	1	8	5	29
26	0	57	20	11	53	26	11	1	14	1	5	5	27
27	0	57	21	11	50	48	12	1	14	1	2	5	18
28	0	57	21	11	52	29	13	1	14	1	0	4	58
29	0	57	22	11	58	43	13	1	14	0	57	4	28
30	0	57	22	12	9	32	13	1	13	0	54	3	47
31	0	57	23	12	24	46	14	1	14	0	50	2	50

AUGUST

D	☉ °	′	″	☽ °	′	″	♂ ′	♀ °	′	☿ °	′	☽ dec. °	′
1	0	57	24	12	43	47	14	1	14	0	47	1	39
2	0	57	24	13	5	41	15	1	14	0	44	0	13
3	0	57	25	13	29	3	14	1	14	0	40	1	23
4	0	57	26	13	52	11	16	1	14	0	37	3	0
5	0	57	26	14	13	3	15	1	14	0	32	4	26
6	0	57	28	14	29	44	16	1	14	0	28	5	36
7	0	57	29	14	40	37	15	1	14	0	24	6	22
8	0	57	29	14	44	49	16	1	14	0	19	6	45
9	0	57	31	14	42	19	16	1	14	0	14	6	42
10	0	57	33	14	33	50	16	1	14	0	10	6	16
11	0	57	33	14	20	49	16	1	14	0	4	5	27
12	0	57	36	14	4	52	16	1	14	0	1	4	20
13	0	57	37	13	57	31	15	1	14	0	7	2	56
14	0	57	38	13	30	3	16	1	14	0	12	1	23
15	0	57	40	13	13	17	15	1	14	0	17	0	14
16	0	57	42	12	57	44	15	1	15	0	23	1	43
17	0	57	43	12	43	35	15	1	14	0	29	2	59
18	0	57	44	12	30	54	15	1	14	0	34	4	0
19	0	57	46	12	19	39	14	1	14	0	39	4	43
20	0	57	47	12	9	53	13	1	14	0	43	5	11
21	0	57	48	12	1	45	14	1	15	0	47	5	26
22	0	57	50	11	55	28	12	1	14	0	50	5	29
23	0	57	51	11	51	27	12	1	14	0	53	5	21
24	0	57	53	11	50	8	12	1	15	0	53	5	5
25	0	57	53	11	52	1	11	1	14	0	55	4	36
26	0	57	55	11	57	36	10	1	14	0	53	3	58
27	0	57	56	12	7	19	10	1	15	0	52	3	8
28	0	57	58	12	21	22	8	1	14	0	48	2	2
29	0	58	0	12	39	47	9	1	14	0	45	0	45
30	0	58	0	13	2	7	7	1	15	0	39	0	45
31	0	58	2	13	27	28	7	1	14	0	33	2	17

SEPTEMBER

D	☉ °	′	″	☽ °	′	″	♂ ′	♀ °	′	☿ °	′	☽ dec. °	′
1	0	58	3	13	54	18	6	1	15	0	26	3	48
2	0	58	5	14	20	24	5	1	14	0	19	5	6
3	0	58	6	14	43	4	4	1	15	0	11	6	7
4	0	58	8	14	59	30	4	1	14	0	2	6	45
5	0	58	9	15	7	28	3	1	15	0	7	6	56
6	0	58	12	15	5	49	2	1	14	0	15	6	39
7	0	58	13	14	55	1	1	1	15	0	24	5	57
8	0	58	15	14	36	49	1	1	14	0	33	4	50
9	0	58	18	14	13	56	1	1	15	0	41	3	25
10	0	58	19	13	49	8	1	1	14	0	50	1	48
11	0	58	22	13	24	49	2	1	15	0	57	0	10
12	0	58	24	13	2	40	3	1	14	1	4	1	23
13	0	58	26	12	43	36	3	1	15	1	11	2	42
14	0	58	28	12	27	58	4	1	15	1	17	3	44
15	0	58	30	12	15	38	5	1	14	1	23	4	31
16	0	58	32	12	6	17	6	1	15	1	28	5	2
17	0	58	34	11	59	27	7	1	14	1	32	5	20
18	0	58	36	11	54	43	8	1	15	1	36	5	27
19	0	58	38	11	51	48	8	1	15	1	39	5	23
20	0	58	40	11	50	34	9	1	14	1	42	5	8
21	0	58	42	11	51	7	10	1	15	1	44	4	44
22	0	58	44	11	53	45	10	1	15	1	46	4	8
23	0	58	45	11	58	57	11	1	14	1	47	3	19
24	0	58	48	12	7	13	12	1	15	1	48	2	20
25	0	58	49	12	19	8	13	1	15	1	49	1	7
26	0	58	50	12	35	5	13	1	14	1	49	0	14
27	0	58	53	12	55	16	14	1	15	1	50	1	42
28	0	58	54	13	19	21	15	1	15	1	49	3	7
29	0	58	56	13	46	24	15	1	15	1	49	4	27
30	0	58	58	14	14	38	16	1	14	1	49	5	34

OCTOBER

D	☉ °	′	″	☽ °	′	″	♂ ′	♀ °	′	☿ °	′	☽ dec. °	′
1	0	58	59	14	41	21	17	1	15	1	49	6	24
2	0	59	2	15	3	12	17	1	15	1	48	6	51
3	0	59	3	15	16	50	18	1	14	1	47	6	52
4	0	59	5	15	19	46	18	1	15	1	47	6	24
5	0	59	8	15	11	18	19	1	15	1	46	5	27
6	0	59	10	14	52	46	20	1	15	1	45	4	5
7	0	59	12	14	17	8	20	1	14	1	45	2	26
8	0	59	14	13	58	2	20	1	15	1	44	0	40
9	0	59	17	13	28	48	22	1	15	1	43	1	0
10	0	59	19	13	3	57	21	1	15	1	42	2	24
11	0	59	21	12	39	5	22	1	14	1	42	3	32
12	0	59	24	12	20	53	23	1	15	1	41	4	20
13	0	59	26	12	7	24	23	1	15	1	40	4	54
14	0	59	28	11	58	16	24	1	15	1	39	5	13
15	0	59	31	11	52	54	23	1	14	1	39	5	23
16	0	59	32	11	50	31	25	1	15	1	38	5	22
17	0	59	35	11	50	28	25	1	15	1	38	5	10
18	0	59	36	11	52	12	25	1	15	1	37	4	49
19	0	59	39	11	55	17	26	1	15	1	36	4	16
20	0	59	41	11	59	38	26	1	14	1	35	3	31
21	0	59	43	12	5	25	27	1	15	1	35	2	34
22	0	59	44	12	12	59	27	1	15	1	35	1	23
23	0	59	47	12	22	57	27	1	15	1	34	0	6
24	0	59	48	12	35	51	28	1	14	1	33	1	18
25	0	59	49	12	52	15	28	1	15	1	33	2	39
26	0	59	52	13	12	21	28	1	15	1	32	3	55
27	0	59	53	13	35	47	29	1	15	1	32	5	1
28	0	59	55	14	1	30	29	1	15	1	31	5	52
29	0	59	56	14	27	29	29	1	14	1	31	6	28
30	0	59	58	14	50	47	30	1	15	1	30	6	42
31	1	0	0	15	7	56	30	1	15	1	29	6	31

NOVEMBER

D	☉ °	′	″	☽ °	′	″	♂ ′	♀ °	′	☿ °	′	☽ dec. °	′
1	1	0	1	15	15	51	30	1	15	1	30	5	54
2	1	0	3	15	12	36	31	1	14	1	28	4	45
3	1	0	6	14	58	24	31	1	15	1	29	3	12
4	1	0	7	14	35	21	31	1	15	1	27	1	24
5	1	0	9	14	6	53	31	1	15	1	27	0	25
6	1	0	12	13	36	37	32	1	14	1	27	2	1
7	1	0	13	13	7	42	32	1	15	1	25	3	18
8	1	0	16	12	42	17	32	1	15	1	26	4	12
9	1	0	17	12	21	39	32	1	15	1	24	4	49
10	1	0	19	12	6	19	33	1	14	1	24	5	10
11	1	0	22	11	56	10	33	1	15	1	23	5	21
12	1	0	23	11	50	49	33	1	15	1	22	5	21
13	1	0	25	11	49	32	33	1	14	1	21	5	11
14	1	0	27	11	51	32	34	1	15	1	19	4	54
15	1	0	28	11	55	59	33	1	15	1	19	4	23
16	1	0	31	12	2	8	34	1	15	1	17	3	42
17	1	0	32	12	9	21	34	1	14	1	15	2	48
18	1	0	33	12	17	21	34	1	15	1	14	1	39
19	1	0	35	12	26	1	35	1	15	1	12	0	22
20	1	0	37	12	35	38	35	1	14	1	9	1	1
21	1	0	38	12	46	35	34	1	15	1	7	2	22
22	1	0	39	12	59	25	35	1	15	1	3	3	37
23	1	0	40	13	14	32	36	1	15	1	0	4	40
24	1	0	41	13	32	1	35	1	14	0	57	5	30
25	1	0	42	13	51	24	35	1	15	0	52	6	5
26	1	0	43	14	11	34	36	1	15	0	46	6	23
27	1	0	44	14	30	31	36	1	14	0	41	6	23
28	1	0	45	14	45	44	36	1	15	0	35	5	58
29	1	0	47	14	54	36	36	1	15	0	28	5	7
30	1	0	47	14	55	3	36	1	14	0	19	3	51

DECEMBER

D	☉ °	′	″	☽ °	′	″	♂ ′	♀ °	′	☿ °	′	☽ dec. °	′
1	1	0	49	14	46	21	36	1	15	0	11	2	10
2	1	0	50	14	29	19	37	1	14	0	1	0	20
3	1	0	51	14	6	6	36	1	15	0	9	1	26
4	1	0	52	13	39	37	37	1	15	0	21	2	55
5	1	0	53	13	12	40	36	1	14	0	31	4	1
6	1	0	55	12	47	43	37	1	15	0	43	4	45
7	1	0	56	12	26	24	37	1	14	0	54	5	11
8	1	0	57	12	9	48	37	1	15	1	3	5	23
9	1	0	58	11	58	21	38	1	14	1	12	5	23
10	1	1	0	11	52	4	37	1	15	1	18	5	15
11	1	1	0	11	50	38	37	1	14	1	22	4	58
12	1	1	2	11	53	28	38	1	15	1	23	4	32
13	1	1	3	11	59	49	37	1	14	1	21	3	53
14	1	1	3	12	8	54	38	1	15	1	17	3	3
15	1	1	5	12	19	44	38	1	14	1	10	1	59
16	1	1	5	12	31	35	37	1	15	1	2	0	43
17	1	1	6	12	43	41	38	1	14	0	52	0	41
18	1	1	7	12	55	42	38	1	14	0	41	2	6
19	1	1	7	13	7	22	38	1	15	0	30	3	24
20	1	1	7	13	18	49	39	1	14	0	19	4	31
21	1	1	8	13	30	12	38	1	14	0	9	5	22
22	1	1	7	13	41	43	38	1	15	0	2	5	56
23	1	1	8	13	53	19	38	1	14	0	10	6	15
24	1	1	8	14	4	34	39	1	14	0	19	6	14
25	1	1	8	14	14	42	38	1	15	0	27	5	56
26	1	1	8	14	22	30	39	1	14	0	33	5	14
27	1	1	8	14	26	36	38	1	14	0	40	4	9
28	1	1	8	14	25	48	39	1	14	0	45	2	44
29	1	1	9	14	19	22	39	1	14	0	50	1	1
30	1	1	8	14	7	23	38	1	14	0	55	0	45
31	1	1	8	13	50	40	39	1	14	1	00	2	12

JANUARY

D.M.		
1	0.36 A.M.	♀ in Perihelion.
2	8.25 P.M.	☽ on Equator.
4	6.32 P.M.	⊕ in Perihelion.
9	11.23 A.M.	☽ Max. Dec. 27°N.48′.
16	11.14 A.M.	☽ in Apogee.
16	7.30 P.M.	☽ on Equator.
19	4.0 A.M.	☿ Gt. Elong. 24°W.
20	4.0 P.M.	♀ Gt. Elong. 47°W.
24	0.22 A.M.	☽ Max. Dec. 27°S.51′.
28	3.26 A.M.	☿ in ☋.
28	10.30 A.M.	☽ in Perigee.
30	3.33 A.M.	☽ on Equator.

FEBRUARY

5	4.54 P.M.	☽ Max. Dec. 27°N.52′.
7	10.47 A.M.	☿ in Aphelion.
10	7.43 A.M.	☽ Total Eclipse.
13	1.4 A.M.	☽ in Apogee.
13	2.18 A.M.	☽ on Equator.
20	10.2 A.M.	☽ Max. Dec. 27°S.52′.
25	9.49 A.M.	☉ Partial Eclipse.
25	9.5 P.M.	☽ in Perigee.
26	1.46 P.M.	☽ on Equator.

MARCH

4	10.38 P.M.	☽ Max. Dec. 27°N.51′.
6	7.2 P.M.	☿ ☌ Sup. ☉.
9	9.20 P.M.	♂ in ☋.
12	4.0 A.M.	☽ in Apogee.
12	8.41 A.M.	☽ on Equator.
18	7.3 P.M.	☿ in ☊.
19	5.42 P.M.	☽ Max. Dec. 27°S.46′.
19	9.10 P.M.	♀ in ☋.
21	6.38 A.M.	☉ enters ♈, *Equinox.*
23	10.25 A.M.	☿ in Perihelion.
26	1.6 A.M.	☽ on Equator.
26	9.5 A.M.	☽ in Perigee.

APRIL

1	5.0 A.M.	☿ Gt. Elong. 19°E.
1	5.53 A.M.	☽ Max. Dec. 27°N.42′.
8	7.38 A.M.	☽ in Apogee.
8	2.46 P.M.	☽ on Equator.
15	11.19 P.M.	☽ Max. Dec. 27°S.34′.
19	11.34 P.M.	☿ ☌ Inf. ☉.
22	10.58 A.M.	☽ on Equator.
23	9.28 A.M.	♀ in Aphelion.
23	5.54 P.M.	☽ in Perigee.
26	2.41 A.M.	☿ in ☋.
28	2.40 P.M.	☽ Max. Dec. 27°N.29′.

MAY

5	8.52 P.M.	☽ on Equator.
5	8.55 P.M.	☽ in Apogee.
6	10.3 A.M.	☿ in Aphelion.
13	4.18 A.M.	☽ Max. Dec. 27°S.23′.
17	5.0 P.M.	☿ Gt. Elong. 26°W.
19	6.2 P.M.	☽ on Equator.
21	5.10 P.M.	☽ in Perigee.
25	11.50 P.M.	☽ Max. Dec. 27°N.21′.

JUNE

2	3.24 A.M.	☽ on Equator.
2	2.25 P.M.	☽ in Apogee.
9	10.21 A.M.	☽ Max. Dec. 27°S.19′.
14	6.20 P.M.	☿ in ☊.
15	10.59 P.M.	☽ on Equator.
17	9.40 A.M.	☽ in Perigee.
19	9.40 A.M.	☿ in Perihelion.
21	9.33 A.M.	☿ ☌ Sup. ☉.
22	1.21 A.M.	☉ enters ♋, *Solstice.*
22	8.8 A.M.	☽ Max. Dec. 27°N.19′.
29	10.32 A.M.	☽ on Equator.
30	8.58 A.M.	☽ in Apogee.

JULY

4	4.23 A.M.	⊕ in Aphelion.
6	6.11 P.M.	☽ Max. Dec. 27°S.21′.
11	0.28 A.M.	♀ in ☊.
12	3.18 P.M.	☽ in Perigee.
13	4.2 A.M.	☽ on Equator.
19	2.56 P.M.	☽ Max. Dec. 27°N.22′.
22	9.17 A.M.	☉ Partial Eclipse.
23	1.56 A.M.	☿ in ☋.
26	6.0 P.M.	☽ on Equator.
28	3.14 A.M.	☽ in Apogee.
29	10.0 P.M.	☿ Gt. Elong. 27°E.

AUGUST

2	9.18 A.M.	☿ in Aphelion.
3	3.20 A.M.	☽ Max. Dec. 27°S.24′.
6	7.42 P.M.	☽ Total Eclipse.
9	1.8 A.M.	☽ in Perigee.
9	11.11 A.M.	☽ on Equator.
13	4.19 P.M.	♀ in Perihelion
15	8.34 P.M.	☽ Max. Dec.27°N.24′.
20	10.55 P.M.	☉ Partlal Eclipse.
23	1.15 A.M.	☽ on Equator.
24	7.38 P.M.	☽ in Apogee.
26	3.2 P.M.	☿ ☌ Inf. ☉.
27	7.1 P.M.	♀ ☌ Sup. ☉.
30	0.25 P.M.	☽ Max. Dec. 27°S.22′.

SEPTEMBER

5	8.53 P.M.	☽ on Equator
6	4.51 A.M.	☽ in Perigee.
8	2.29 P.M.	♂ in Perihelion.
10	5.34 P.M.	☿ in ☊.
12	2.12 A.M.	☽ Max. Dec. 27°N.19′.
12	5.0 A.M.	☿ Gt. Elong. 18°W.
15	8.56 A.M.	☿ in Perihelion.
19	7.45 A.M.	☽ on Equator.
21	6.15 A.M.	☽ in Apogee.
23	4.47 P.M.	☉ enters ♎, *Equinox.*
26	7.59 P.M.	☽ Max. Dec. 27°S.12′.

OCTOBER

3	7.51 A.M.	☽ on Equator.
4	2.51 P.M.	☽ in Perigee.
8	2.47 P.M.	☿ ☌ Sup. ☉.
9	9.14 A.M.	☽ Max. Dec. 27°N.7′.
16	1.29 P.M.	☽ on Equator.
18	8.20 A.M.	☽ in Apogee.
19	1.11 A.M.	☿ in ☋.
24	1.37 A.M.	☽ Max. Dec. 26°S.58′.
29	8.35 A.M.	☿ in Aphelion.
30	1.58 P.M.	♀ in ☋.
30	5.54 P.M.	☽ on Equator.

NOVEMBER

2	2.24 A.M.	☽ in Perigee.
5	6.12 P.M.	☽ Max. Dec. 26°N.54′.
12	7.1 P.M.	☽ on Equator.
14	2.56 P.M.	☽ in Apogee.
20	6.28 A.M.	☽ Max. Dec. 26°S.48′.
23	6.0 P.M.	☿ Gt. Elong. 22°E.
27	1.17 A.M.	☽ on Equator.
30	10.46 A.M.	☽ in Perigee.

DECEMBER

3	4.16 A.M.	☽ Max. Dec. 26°N.47′.
4	1.55 A.M.	♀ in Aphelion.
7	4.47 P.M.	☿ in ☊.
10	1.21 A.M.	☽ on Equator.
12	6.58 A.M.	☽ in Apogee.
12	8.14 A.M.	☿ in Perihelion.
12	9.3 P.M.	☿ ☌ Inf. ☉.
17	0.25 P.M.	☽ Max. Dec. 26°S.46′.
22	0.26 P.M.	☉ enters ♑, *Solstice.*
24	6.20 A.M.	☽ on Equator.
28	4.36 A.M.	☽ in Perigee.
30	1.42 P.M.	☽ Max. Dec. 26°N.47′.

A COMPLETE ASPECTARIAN for 1971.

Showing the approximate time when each Aspect is formed.

a.m. or *a* denotes morning, *p.m.* or *p* denotes afternoon.

NOTE—Semi-quintile, or 36° apart, ⊥; Bi-quintile, or 144° ±; Quincunx, or 150° ⚻.

☽☌● Eclipse of ☉. ☽☍☉ Eclipse of ☽. ☌ Occultation by ☽.

JANUARY

Day	Aspect	Time	
1 F	☽□♃	0am 7	B
	☽⚼♅	1 31	b
	♇ stat	4 11	
	☽✶☿	6 56	G
	☽□♆	7 29	B
	☿∠♂	1pm0	
	☿⊥♀	3 1	
	☽✶☉	10 14	G
	☿⚼♄	11 58	
2 S	☽P♅	3am33	B
	☽✶♄	6 43	G
	☽△♂	8 23	G
3 Su	☽△♀	0am30	G
	☽△♃	3 2	G
	☽☍♇	5 58	B
	☽□☿	6 5	B
	☽∠♄	7 58	b
	☿□♇	9 18	
	☽△♆	9 58	G
	☽⚼♂	10 53	b
	☽P♅	1pm26	B
4 M	☽⚼♀	3am42	b
	☽□☉	4 56	B
	☽⚼♃	4 56	b
	☉∠♃	5 0	
	☽☍♅	5 26	B
	☽⚻♄	9 32	g
	☽⚼♆	11 40	b
	☉□♅	11 50	
5 Th	☽P♄	3am16	B
	♀☌♃	4 52	
	☽P♇	5 25	D
	☽△☿	7 21	G
	☿⚻♀	7 30	
	♀∠♅	8 4	
	☿⚻♃	10 14	
	☽P♀	10 52	G
	☽P♂	1pm45	B
	♃∠♅	8 46	
6 W	☽P♃	0am30	G
	☽P♆	0 37	D
	☽P☿	7 16	G
	☽⚼☿	8 58	b
	♂⊥♅	10 27	
	☽⚼♇	11 50	b
	☽△☉	1pm24	G
	☽☌♄	1 49	B
	♀✶♇	4 54	
	♃P♆	5 31	
	☉△♄	6 45	
	☽P☉	7 56	G
	☽☍♂	8 51	B
7 Th	☽⚼♅	0pm28	b
	☽☍♃	0 59	B
	☽△♇	2 36	G
	☽☍♀	4 11	B
	☽⚼☉	6 25	b
	☽☍♆	7 8	B
8 F	☉∠♆	3am48	
	☿Stat	4 6	
	☽△♅	3pm42	G
	☽⚻♄	7 49	g

Day	Aspect	Time	
9 S	♀☌♆	0pm16	
	☽☍☿	6 25	B
	☽□♇	9 35	B
	☽∠♄	11 33	b
10 Su	☽⚼♂	11a 24	b
	☿⊥♂	9pm14	
	☽□♅	11 42	B
11 M	☽⚼♃	1am24	b
	☽✶♄	3 54	G
	☽⚼♆	6 53	b
	☽⚼♀	10 13	b
	☽☍☉	1pm21	B
	☽△♂	5 33	G
12 Tu	☽△♃	6am43	G
	☽✶♇	6 48	G
	☽P☉	10 37	G
	♃✶♇	11 46	
	☽△♆	11 57	G
	☽P☿	2pm55	G
	☽△☿	5 45	G
13 W	☽P♃	1am23	G
	☽P♆	2 33	D
	☽P♂	7 55	B
	☽✶♅	10 4	G
	☽P♀	10 36	G
	☽⚼☿	0pm 9	b
	☽∠♇	0 16	b
	☿□♇	2 8	
	☽□♄	2 21	B
	☽P♇	11 56	D
14 Th	☿⚻♃	0am 0	
	☽P♄	2 50	B
	☽□♂	7 53	B
	☉P☿	3pm39	
	☽∠♅	4 4	b
	☽⚻♇	6 17	g
	☽□♃	7 7	B
	☽△☿	8 3	G
	☽□♆	11 48	B
15 F	☿⚼♄	1am46	
	☽□♀	10 57	B
	☽⚼☉	2pm49	b
	☽⚻♅	10 27	g
	☽P♅	10 56	B
16 S	☽△♄	2am45	G
	☿⊥♂	0pm30	
	☉✶♂	9 31	
17 Su	☽✶♂	0am 7	G
	☽△☉	0 13	G
	☿⚻♆	4 17	
	☽☌♇	7 9	D
	☽✶♃	8 55	G
	☽⚼♄	9 19	b
	♄stat	0pm43	
	☽✶♆	0 53	G
	☽□☿	1 35	B
	☽P♅	4 3	B
18 M	☽✶♀	5am27	G
	♅stat	7 47	
	☽∠♂	8 14	b
	☽☌♅	11 21	B
	☽∠♃	3 40	b
	☽∠♆	7 14	b
19	♀Q♇	4am53	

Day	Aspect	Time	
19 Th	☽P♄	0pm 9	B
	☽∠♀	2 10	b
	☽P♇	3 14	D
	☽⚻♂	3 49	g
	♂P♆	5 53	
	☽□☉	6 8	B
	☽⚻♇	7 18	g
	☽⚻♃	9 53	g
20 W	☽⚻♆	1am 1	g
	☽✶☿	6 50	G
	☉△♇	8 2	
	☽P♀	10 31	G
	☽P♆	0pm16	D
	☽P♂	0 54	B
	☽P♃	2 39	G
	☽P☉	6 21	G
	♂∠♅	6 51	
	☽⚻♀	10 0	g
	☽⚻♅	10 23	g
21 Th	☽∠♇	0am23	b
	☽☍♄	2 29	B
	♀✶♅	2 51	
	☽P☿	7 6	G
	☽∠☿	2pm16	b
	☿⊥♃	8 33	
	☉✶♃	10 39	
22 F	☽∠♅	2am35	b
	☽☌♂	4 13	B
	☽✶♇	4 29	G
	☽☌♃	7 39	G
	☽✶☉	8 18	G
	♂✶♇	9 54	
	☽☌♆	9 59	D
	♀P♆	1pm32	
	☽⚻☿	8 31	g
23 S	☿⊥♆	1 am 0	
	♀⚻♄	5 33	
	☽✶♅	5 48	G
	☉✶♆	6 29	
	♂P♃	6 41	
	☉P♂	7 8	
	☉P♃	7 20	
	☽☌♀	10 1	G
	☽∠☉	1pm30	b
24 Su	☉P♀	8am28	
	☽□♇	9 48	B
	☽⚼♄	11 49	b
	☽⚻♂	0pm 6	g
	☽⚻♃	1 23	g
	☽⚻♆	3 2	g
	☽⚻☉	5 30	g
25 M	☽☌☿	5am34	G
	☉P♆	9 22	
	☽□♅	9 27	B
	☽△♄	1pm 9	G
	☽∠♂	2 33	b
	☽∠♃	2 54	b
	☽∠♆	4 17	b
	☽⚻♀	5 24	g
26 Tu	♂☌♃	1am20	
	☽P☿	10 34	G
	☽△♇	11 51	G
	☽✶♃	3pm49	G
	☽✶♂	4 18	G

Day	Aspect	Time	
26	☽✶♆	4pm57	G
	☽∠♀	7 53	b
	☽☌☉	10 56	D
	☽P♂	11 32	B
27 W	♀P♃	0 am 2	
	☽P♀	1 23	G
	☽P♃	1 25	G
	☿□♅	1 29	
	☽P♆	4 11	D
	☽P☉	6 19	G
	♂☌♆	8 0	
	☽△♅	10 32	G
	☽⚻☿	11 24	g
	☽⚼♇	0pm 9	b
	☽□♄	2 11	B
	☽P♇	9 7	D
	☽✶♀	9 58	G
	☽P♄	11 44	B
28 Th	☽⚼♅	10a 39	b
	☽∠☿	1pm50	b
	☽□♃	4 41	B
	☽□♆	5 24	B
	☽□♂	6 49	B
	☿△♄	7 41	
29 F	♀±♄	1 am 9	
	☽⚻☉	2 47	g
	☽P♅	11 17	B
	☽✶♄	2pm33	G
	☽✶☿	4 23	G
30 S	☿∠♃	1am22	
	☽□♀	2 4	B
	☽∠☉	4 52	b
	☿∠♆	6 17	
	☽☍♇	0pm46	B
	☽∠♄	3 2	b
	☽△♃	5 50	G
	☽△♆	6 8	G
	☽P♅	7 58	B
	☽△♂	9 43	G
31 Su	☽✶☉	7am24	G
	☽☍♅	11 54	B
	☽⚻♄	3pm56	g
	☽⚼♃	7 0	b
	☽⚼♆	7 6	b
	☽□☿	10 56	B
	☽⚼♂	11 52	b

FEBRUARY

Day	Aspect	Time	
1 M	♃☌♆	7am20	
	☽△♀	7 52	G
	☽P♄	9 19	B
	♀Q♅	10 58	
	☽P♇	0pm 9	D
	☿∠♂	3 36	
	☽P☉	8 42	G
2 Tu	☽P♆	6am10	D
	☽P♃	9 56	G
	☽⚼♀	11 53	b
	☽P♀	0pm38	G
	☽□☉	2 32	B
	☽P♂	3 34	B
	☽⚼♇	4 52	b
	☽☌♄	7 32	B

Day	Aspect	Time	
2	☉△♅	10p 48	
	☽P☿	11 9	G
3 W	☽△☿	8am50	G
	☽⚼♅	5pm47	b
	☽△♇	7 32	G
	☉⚼♇	9 31	
4 Th	☽☍♆	1am43	B
	☽☍♃	2 19	B
	☉Q♆	7 28	
	☽☍♂	10 43	B
	☽⚼☿	3pm17	b
	☉Q♃	5 4	
	☽△♅	9 7	G
5 F	☽△☉	1am5	G
	♀□♇	1 35	
	☽⚻♄	1 55	g
	☉□♄	0pm21	
6 S	☽□♇	2am57	B
	☽☍♀	5 23	B
	☽∠♄	6 9	b
	☽⚼☉	7 41	b
	♀⚼♄	2pm31	
7 Su	☽□♅	5am44	B
	☿△♇	10 21	
	☽✶♄	10 59	G
	☿P♂	1pm57	
	☽⚼♆	2 26	b
	☽⚼♃	3 51	b
8 M	☉P♇	1am37	
	☽⚼♂	4 32	b
	♀⚻♆	6 7	
	☽✶♇	0pm48	G
	☽☍☿	4 32	B
	☽P♂	6 17	B
	☽△♆	7 51	G
	☽P☿	8 54	G
	☽△♃	9 32	G
	☽P♀	11 28	G
9 Tu	♀⚻♃	1am25	
	☽P♃	3 51	G
	☽P♆	8 48	D
	☽△♂	11 44	G
	☽✶♅	4pm32	G
	☽∠♇	6 28	b
	☿✶♆	7 21	
	☽□♄	10 17	B
10 W	☉P♄	1am22	
	♂Q♇	1 59	
	☽P♇	5 10	D
	☽⚼♀	6 4	b
	☿P♀	7 26	
	☽P☉	7 43	B
	☽P♄	8 25	B
	☽✶☉	8 56	G
	☿∠♃	11 41	
	☽☍♅	10p 34	b
11 Th	☽⚻♇	0am31	g
	☽□♆	7 54	B
	☽□♃	10 11	B
	☽△♀	3pm25	G
12 F	☽□♂	3am27	B
	☽⚻♅	4 52	g
	☽P♅	6 19	B
	☽△♄	11 3	G

FEB.—*contd.*

Date	Aspect	Time	
12	☉±♇	2pm55	
	☿P♃	3 30	
13 S	☽⚼☿	0am19	b
	♂⚹♅	5 34	
	☽☌♇	1pm16	D
	♀⊥♆	4 58	
	☽⚼♄	5 40	b
	☿⊻♀	6 3	
	☽⚹♆	8 52	G
	☽P♅	10 12	B
	☽⚹♃	11 40	G
14 Su	☽□♀	10a 43	B
	☽⚼☉	11 22	b
	☽△☿	11 28	G
	☽☌♅	5pm40	B
	☽⚹♂	7 44	G
15 M	♀⊥♃	0am52	
	☽∠♆	3 16	b
	☽∠♃	6 17	b
	☿P♆	7 2	
	☽P☉	11 37	G
	☽△☉	8pm23	G
	☽P♄	8 52	B
16 Tu	☽P♇	0am 2	D
	☽⊻♇	1 43	g
	☽∠♂	3 30	b
	☿△♅	8 52	
	☽⊻♆	9 19	g
	☽⊻♃	0pm32	g
	☽P☿	4 28	G
	☽P♆	7 56	D
	☉Q♂	8 0	
	☿⚼♇	11 16	
	☉∠♀	11 20	
17 W	☽P♃	1am50	G
	☽⚹♀	4 50	G
	☽P♀	5 12	G
	☽⊻♅	5 21	g
	☽∠♇	7 16	b
	☽□☿	8 30	B
	♀□♅	10 18	
	☽⊻♂	10 39	g
	☉⚼♅	11 34	
	☿Q♆	11 48	
	☽☍♄	0pm 2	B
	☽P♂	3 40	B
18 Th	☿⚹♂	9am19	
	☽∠♅	10 13	b
	☉∇♇	10 32	
	☿□♄	11 54	
	☽⚹♇	0pm 6	G
	☽□☉	0 14	B
	☽∠♀	0 38	b
	☿Q♃	2 27	
	♂∇♄	4 33	
	☽☌♆	7 26	D
	☽☌♃	10 54	G
19 F	☽⚹♅	2pm11	G
	☽⊻♀	7 13	g
	☽☌♂	10 5	B
20 S	☽⚹☿	1am22	G
	♀△♄	2pm33	
	☽□♇	6 57	B
	☽⚹☉	11 35	G
	☽⚼♄	11 46	b
21 Su	☽⊻♆	1am56	g
	☽⊻♃	5 28	g
	☽∠☿	7 43	b
	♀∠♆	5pm10	
	☽□♅	7 14	B

Date	Aspect	Time	
22 M	☽△♄	1am45	G
	☽∠☉	3 26	b
	☽∠♆	3 44	b
	☽☌♀	4 39	G
	☽⊻♂	5 5	g
	☽∠♃	7 19	b
	☿±♇	7 33	
	☉□♆	7 46	
	☽⊻☿	0pm46	g
	♀⊻♂	3 54	
	☽P♂	8 43	B
	☽△♇	10 5	G
23 Tu	☿P♇	0am18	
	☽⚹♆	4 43	G
	☽⊻☉	6 15	g
	☽∠♂	7 7	b
	☽⚹♃	8 19	G
	☽P♀	9 41	G
	☽P♃	9 57	G
	☽P♆	3pm14	D
	♀∠♃	4 13	
	☽△♅	8 52	G
	♀P♃	9 30	
	☽⚼♇	10 31	b
	☿P♄	11 39	
24 W	☽□♄	3am21	B
	☉Q♄	6 33	
	☽P♇	6 51	D
	☽⚹♂	8 25	G
	☽P♄	9 7	B
	☽⊻♀	9 58	g
	☽P☿	10 11	G
	☉□♃	2pm56	
	☽☌♆	7 54	G
	☽⚼♅	8 50	b
25 Th	☿⚼♅	3am46	
	☽□♆	4 55	B
	☿⊥♀	5 24	
	☽P☉	5 50	G
	☽□♃	8 39	B
	☽☌●	9 49	D
	☽∠♀	11 44	b
	☿∇♇	5pm38	
	☽P♅	10 44	B
26 F	☽⚹♄	3 am 9	G
	☉±♅	3 56	
	☽□♂	9 57	B
	☽⚹♀	1pm21	G
	☽☍♇	9 47	B
27 S	☽⊻☿	1am35	g
	☽∠♄	3 0	b
	☽△♆	4 22	G
	☽P♅	4 47	B
	☽△♃	8 21	G
	☽⊻☉	0pm40	g
	☽P☉	6 37	G
	☽☍♅	8 1	B
28 Su	☿□♆	1am15	
	☽⊻♄	3 8	g
	☽⚼♆	4 25	b
	☽∠☿	4 52	b
	☽P☿	8 23	G
	☽⚼♃	8 35	b
	☽△♂	11 57	G
	☽∠☉	2pm40	b
	☽□♀	5 30	B
	☽P♄	7 47	B
	☽P♇	9 57	D

MARCH

Date	Aspect	Time	
1 M	☿Q♂	4am 55	
	☿Q♄	7 38	
	☽⚹☿	8am59	G
	☿□♃	0pm22	
	♂±♄	1 43	
	☽⚼♂	1 52	b
	☽P♆	1 56	D
	☽P♀	3 50	G
	☽⚹☉	5 25	G
	☽P♃	7 50	G
	☽⚼♇	11 5	b
2 Tu	☿±♅	2am15	
	☽☌♄	5 12	B
	☽P♂	11 54	B
	☽⚼♅	11pm4	b
3 W	☽△♀	0am51	G
	☽△♇	0 57	G
	♀△♇	1 53	
	☽☍♆	8 29	B
	☽☍♃	1pm24	B
	♂Q♅	6 4	
	☽□☿	9 0	B
	☉∇♅	10 39	
4 Th	♀P♆	1am26	
	☽△♅	1 47	G
	☽□☉	2 2	B
	☽⚼♀	6 19	b
	☽⊻♄	10 42	g
5 F	☽☍♂	1am23	B
	☿∇♅	6 19	
	☽□♇	7 29	B
	☽∠♄	2pm54	b
	♆stat	4 22	
	♀⊥♂	6 46	
6 S	☽□♅	9am54	B
	☽△☿	2pm59	G
	☽△☉	3 18	G
	♀⚹♆	5 51	
	☉☌☿	7 2	
	☽⚹♄	7 56	G
	☽⚼♆	8 30	b
7 Su	☽⚼♃	2am17	b
	☽P♂	11 53	B
	☽⚹♇	5pm21	G
	☽⚼☉	11 24	b
8 M	☿⚹♄	0am 8	
	☽⚼☿	1 57	b
	☽△♆	2 2	G
	☽☍♀	5 30	B
	☽P♃	7 29	G
	☽△♃	8 4	G
	☽P♆	2pm46	D
	☽P♀	7 58	G
	☽⚹♅	8 56	G
	☽⚼♂	9 35	b
	☽∠♇	11 11	b
9 Tu	☉⚹♄	5am13	
	☽□♄	7 55	B
	♀⚹♃	9 1	
	☽P♇	9 22	D
	☽P♄	11 28	B
10 W	☽∠♅	3am 5	b
	♂□♇	3 55	
	☿∠♀	3 56	
	☉P☿	4 24	
	☽⊻♇	5 24	g
	☽△♂	5 29	G
	☿P♅	7 21	
	☉P♅	11 13	
	☽□♆	2pm24	B
	☽□♃	8 47	B
11 Th	☽⊻♅	9am25	g
	☽P♅	2pm11	B
	☽P☉	4 10	G

Date	Aspect	Time	
11	☽P☿	8pm3	G
	☽△♄	9 11	G
12 F	☽☍☉	2am34	B
	☽⚼♀	10 24	b
	☽☍☿	2pm46	B
	☽P☿	5 43	G
	☽☌♇	6 11	D
	☽□♂	9 42	B
	☽P☉	10 59	G
13 S	☽P♅	3am 4	B
	☽⚹♆	3 18	G
	☽⚼♄	3 51	b
	♄±♅	9 32	
	☽⚹♃	9 52	G
	☿☍♇	10 59	
	☽△♀	8pm 8	G
	☽☌♅	10 4	B
14 Su	☽∠♆	9am35	b
	♀△♅	3 pm 5	
	☽∠♃	4 11	b
	☿□♂	11 37	
15 M	☽⊻♇	6am30	g
	☽P♄	6 42	B
	☽P♇	8 22	D
	☽P♀	0pm38	G
	☽⚹♂	1 18	G
	♀⚼♇	3 4	
	☽⊻♆	3 35	g
	☿△♆	5 53	
	☽⊻♃	10 11	g
16 Tu	☿∠♄	0am32	
	☽P♆	2 30	D
	☽⚼☉	5 19	b
	☽⊻♅	9 47	g
	☽P♃	10 4	G
	☽∠♇	0pm11	b
	☽□♀	2 29	B
	☽∠♂	8 29	b
	☉P☿	8 34	
	☽☍♄	10 26	B
	♀Q♆	10 53	
17 W	☽⚼☿	2am22	b
	☽P♂	6 52	B
	♂⊻♆	10 45	
	☿△♃	10 59	
	☽△☉	1pm15	G
	☽∠♅	2 58	b
	☽⚹♇	5 21	G
18 Th	☽☌♆	2am13	D
	☽⊻♂	2 59	g
	♀P♇	7 58	
	☽☌♃	8 40	G
	☽△☿	0pm34	G
	♂⚼♄	7 28	
	☽⚹♅	7 30	G
19 F	♀P♄	4am1	
	☽⚹♀	6 2	G
	☿P♅	9 37	
	☉☍♇	3pm17	
	♀Q♃	7 59	
20 S	☽□♇	1am38	B
	☽□☉	2 30	B
	♀□♄	7 32	
	☽⊻♆	10 5	g
	☿☍♅	10 10	
	☽⚼♄	11 55	b
	☽∠♀	0pm19	b
	☽☌♂	1 31	B
	☽⊻♃	4 16	g
	☿⊥♄	11 5	
21 Su	☽□♅	2am15	B
	☽□☿	4 51	B

Date	Aspect	Time	
21	☽∠♆	0pm46	b
	♀∠♂	2 32	
	☽△♄	2 44	G
	☽⊻♀	5 24	g
	☽∠♃	6 46	b
22 M	☽P♂	0am48	B
	☽△♇	6 34	G
	☽⚹☉	11 31	G
	☽⚹♆	2pm34	G
	☽P♃	6 49	G
	☽⊻♂	8 5	g
	☽⚹♃	8 23	G
23 Tu	☽P♆	1am18	D
	♀±♇	1 53	
	♂⊻♃	3 37	
	☽△♅	5 35	G
	☽⚼♇	7 46	b
	♃stat	0pm1	
	☽∠☉	2 27	b
	☽⚹☿	3 20	G
	☽P♇	3 52	D
	☽P♄	4 35	B
	☿⚼♆	5 19	
	☽□♄	5 48	B
	☽∠♂	10 0	b
	☽P♀	11 19	G
24 W	☽☌♀	0am25	G
	☽⚼♅	6 7	b
	☉△♆	6 43	
	☿⊻♄	1pm57	
	☽□♆	3 55	B
	☽⊻☉	4 34	g
	☽P☿	6 35	G
	☽∠☿	6 46	b
	☽□♃	9 29	B
	☽⚹♂	11 13	G
25 Th	☽P♅	11am26	B
	☽⚹♄	6pm18	G
	☽P☉	7 4	G
	☿⚼♃	7 58	
	☉∠♄	9 7	
	☽⊻☿	9 26	g
26 F	☽⊻♀	4am24	g
	☽P☉	7 49	G
	☽☍♇	7 54	B
	☽P♅	2pm40	B
	☽△♆	3 25	G
	☽∠♄	6 6	b
	☽☌☉	7 24	D
	☽△♃	8 54	G
	♀⚼♅	9 18	
27 S	☽□♂	0am33	B
	☽☍♅	5 19	B
	☽∠♀	6 1	b
	♂⊥♆	8 13	
	☽⚼♆	3pm 4	b
	☽P☿	3 19	G
	☽⊻♄	5 57	g
	☉△♃	6 13	
	☽⚼♃	8 35	b
	☽P♀	9 16	G
28 Su	♀∇♇	0am30	
	☽☌☿	1 54	G
	☽⚹♀	7 53	G
	☽P♄	9 44	B
	☽P♇	10 3	D
	☽⊻☉	10 32	g
29 M	☽P♆	0 am 5	D
	☽△♂	2 26	G
	☽P♃	6 28	G
	☿P♀	6 38	
	☽⚼♇	7 32	b

MAR.—*cond.*

29	☿±♆	5*pm*38	
	☽☌♄	6 54	B
	☽P♂	11 36	B
30 Tu	☽∠☉	1*am* 4	b
	☽⚼♂	4 20	b
	☽⚼♅	6 4	b
	☽⊻☿	7 43	g
	☽△♇	8 29	G
	☽□♀	1*pm*45	B
	☽☍♆	4 43	B
	☿⚻♇	5 7	
	☽☍♃	10 40	B
31 W	☽✶☉	4*am*42	G
	☉P♅	6 34	
	☽△♅	7 48	G
	☽∠☿	11 52	b
	♂□♅	7*pm*36	
	♄P♇	9 57	
	☽⊻♄	11 5	g

APRIL

1 Th	♀□♆	0*am*18	
	☽□♇	1*pm*13	B
	☽✶☿	5 4	G
	☉☍♅	10 10	
	☿±♃	10 38	
2 F	☽△♀	0*am*26	G
	♂⊥♃	1 37	
	☽∠♄	2 47	b
	☽□♅	2*pm*21	B
	☽□☉	3 47	B
	☽☍♂	4 36	B
3 S	☽⚼♆	2*am*29	b
	♀±♅	4 28	
	☽✶♄	7 32	G
	☽⚼♀	7 52	b
	☽⚼♃	9 4	b
	☉□♂	3*pm*40	
	☽P♂	5 24	B
	♀□♃	8 5	
	☽✶♇	10 6	G
4 𝔖	☽□☿	6*am*12	B
	☽△♆	7 43	G
	☽♇♃	0*pm*56	G
	☽△♃	2 25	G
	☽P♆	8 32	D
5 M	☽✶♅	0*am*44	G
	☉⊥♄	2 48	
	☽∠♇	3 48	b
	☽△☉	7 43	G
	☽P♄	0*pm*49	B
	☽P♇	1 21	D
	☿⚻♆	3 10	
	☽P☿	4 27	G
	☽□♄	7 34	B
	♀Q♄	10 44	
6 Tu	☽∠♅	6*am*52	b
	☽⊻♇	10 0	g
	☽⚼♂	2*pm*10	b
	☽⚼☉	4 48	b
	☽□♆	7 59	B
	☽△☿	9 1	G
7 W	☽P♀	0*am* 8	G
	☽□♃	2 44	B
	☽P☉	9 26	G
	☽☍♀	11 53	B
	☽⊻♅	1*pm*15	g
	☽P♅	10 7	B
	☽△♂	10 16	G
8 Th	♀⚻♅	0*am*50	
	☽⚼☿	4 12	b
	☉⚼♆	6 23	
	☽△♄	9 8	G
	☽☌♇	10 53	D
9 F	☽P♅	7*am*16	B
	☉⊥♀	8 38	
	☽✶♆	8 53	G
	☽✶♃	3*pm*25	G
	☽⚼♄	3 50	b
	☿stat	5 21	
	☉P♀	6 53	
	☽P♀	11 38	G
10 S	☽P☉	0*am*24	G
	☽☌♅	1 52	B
	☽□♂	2 *pm* 2	B
	☽∠♆	3 2	b
	☽☍☉	8 10	B
	☽∠♃	9 25	b
11 𝔖	♂∠♆	10*a* 22	
	☉⚼♃	10 43	
	☽⊻♇	11 2	g
	☽P☿	2 *pm* 8	G
	☽P♇	4 4	D
	☽⚼♀	4 45	b
	☽P♄	5 23	B
	☽⊻♆	8 51	g
	☽☍☿	10 24	B
12 M	☉⊻♄	0*am*56	
	☽⊻♃	3 3	g
	☽P♆	8 25	D
	☽⊻♅	1*pm*19	g
	☽P♃	3 44	G
	☽∠♇	4 33	b
13 Tu	☽△♀	1*am*26	G
	☽✶♂	4 13	G
	☽P♂	8 56	B
	☽☍♄	9 55	B
	☿∠♀	3*pm*18	
	☽∠♅	6 24	b
	☽✶♇	9 38	G
14 W	☽☌♆	7*am*10	D
	☿⚻♆	8 56	
	☽∠♂	10 33	b
	☽☌♃	0*pm*59	G
	☽⚼☉	7 39	b
	☽✶♅	11 1	G
15 Th	♀✶♂	5*am*20	
	☽⚼☿	10 39	b
	☽⊻♂	4*pm*15	g
	☽□♀	4 52	B
16 F	☽△☉	2*am*12	G
	☽□♇	6 17	B
	♂∠♃	11 22	
	☽△☿	1*pm*26	G
	☽⊻♆	3 28	g
	☽⊻♃	8 50	g
	☽⚼♄	11 38	b
17 S	♀✶♄	1*am*33	
	☽□♅	6 34	B
	☉±♆	6 36	
	☽∠♆	6*pm*43	b
	☽∠♃	11 51	b
18 𝔖	☽☌♂	1*am*39	B
	☽△♄	2 58	G
	☽✶♀	5 11	G
	☉⚻♇	7 4	
	☽P♂	0*pm*27	B
	☽△♇	0 32	G
	☽□☉	0 58	B
	☽□☿	5 0	B
	☿⊥♀	6 4	
18	♀P♅	6*pm*25	
	☽✶♆	9 16	G
19 M	☽✶♃	2*am*10	G
	☽P♃	2 31	G
	☽P♆	8 40	D
	☽∠♀	10 2	b
	☽△♅	11 33	G
	☽⚼♇	2*pm*37	b
	♂△♄	6 11	
	☽P♄	8 19	B
	☿±♃	9 34	
	☽P♇	10 25	D
	☉☌☿	11 34	
20 Tu	☉±♃	0*am*45	
	☽□♄	7 29	B
	☽⊻♂	7 55	g
	☽⚼♅	1*pm* 1	b
	☽P☿	1 10	G
	☽⊻♀	1 56	g
	☽P☉	5 18	G
	☽✶☿	5 58	G
	☽✶☉	8 17	G
21 W	☽□♆	0*am*20	B
	☽□♃	4 46	B
	☽∠♂	9 55	b
	♀☍♇	2*pm*25	
	☽∠☿	5 37	b
	☉P☿	8 42	
	☿⊻♀	9 44	
	☽P♅	10 26	B
	☽∠☉	10 47	b
22 Th	☽P♀	3*am*40	G
	☽✶♄	9 25	G
	☿⚻♇	11 3	
	☽✶♂	11 20	G
	☽⊻☿	4*pm*52	g
	☽☍♇	5 8	B
	☽P♀	5 20	G
	☽☌♀	7 31	G
	☽P♅	11 22	B
23 F	☽⊻☉	0*am*43	g
	☽△♆	1 8	G
	☽△♃	5 13	G
	☉⚻♆	6 52	
	☽∠♄	9 44	b
	☽☍♅	2*pm*10	B
24 S	☿±♆	0*am*47	
	☽⚼♆	1 5	b
	☽P☿	1 7	G
	☽⚼♃	5 2	b
	☉±♇	7 21	
	☽P☉	8 26	G
	☽⊻♄	9 54	g
	☽□♂	1*pm*11	B
	☽☌☿	2 52	G
	☽P♇	9 54	D
	☽⊻♀	11 41	g
25 𝔖	☽P♄	0*am*31	B
	☽☌☉	4 3	D
	☽P♆	10 41	D
	☿□♂	0*pm*13	
	♀△♆	4 3	
	☽P♃	4 5	G
	☉⚻♃	4 10	
	☽⚼♇	5 10	b
26 M	☽∠♀	2 *am* 5	b
	☽P♂	3 4	B
	☽☌♄	10 47	B
	☽⊻☿	1*pm*40	g
	☽⚼♅	2 33	b
	☽△♂	3 39	G
	☽△♇	5 43	G
27 Tu	☽☍♆	2 *am* 0	B
	☽✶♀	5 11	G
	☽☍♃	5 48	B
	☽⊻☉	8 50	g
	♀△♃	0*pm* 0	
	☽∠☿	1 59	b
	☽△♅	3 39	G
	☽⚼♂	5 52	b
28 W	☽∠☉	0*pm*35	b
	☽⊻♄	2 13	g
	☽✶☿	3 12	G
	☽□♇	9 5	B
	♂△♇	9 23	
29 Th	☽□♀	2*pm*42	B
	☽∠♄	5 25	b
	☽✶☉	5 37	G
	☿⊻♄	8 17	
	☽□♅	8 37	B
30 F	☽⚼♆	9*am*28	b
	☽⚼♃	1*pm*13	b
	☽□☿	8 59	B
	☽✶♄	9 43	G
	♀∠♄	11 25	

MAY

1 S	☽✶♇	4*am*29	G
	☽☍♂	7 0	B
	☉⚻♅	8 44	
	☽P♂	9 49	B
	☽△♆	2*pm* 1	G
	☽△♃	5 44	G
	☽P♃	9 5	G
2 𝔖	☽P♆	3 *am* 6	D
	♀☍♅	5 14	
	☽✶♅	5 43	G
	☽△♀	5 46	G
	☽□☉	7 36	B
	☽∠♇	9 40	b
	☽P♄	2*pm* 2	B
	☽P♇	6 27	D
	☽P☉	10 0	G
3 M	☽△☿	7*am*16	G
	☽□♄	9 13	B
	☉⚼♇	9 14	
	♀Q♂	10 25	
	☿ stat	10 37	
	☽∠♅	11 30	b
	☽⚼♀	3 *pm* 1	b
	☽⊻♇	3 36	g
4 Tu	☽□♆	1*am*33	B
	♀P♅	1 40	
	☽P☉	4 48	G
	☽□♃	5 1	B
	☽P☿	1*pm*19	G
	☽⚼☿	1 41	b
	☽⊻♅	5 47	g
5 W	☽△☉	1*am*18	G
	☽P♀	3 39	G
	☽⚼♂	4 54	b
	☽P♅	5 56	B
	☉P♇	7 18	
	☉⊻♄	8*pm*37	
	☽△♄	10 42	G
6 Th	☽☌♇	4*am*25	D
	☽⚼☉	10 31	b
	☽P♅	11 41	B
	☽△♂	0*pm*46	G
	☽✶♆	2 22	G
	☽P♀	5 14	G
	☽✶♃	5 22	G
7 F	☽P☿	3*am*16	G
	☽⚼♄	5 24	b
	☽☌♅	6 28	B
	☉±♅	8 18	
	☽☍♀	8*pm*27	B
	☽∠♆	8 29	b
	♀⚼♆	8 55	
	♀∠♃	11 14	b
8 S	♂✶♆	0*am*18	
	☽☍☿	10 27	B
	☽⊻♇	4*pm*33	g
	♀⚼♃	10 2	
	☽P♇	11 8	D
9 𝔖	☉P♄	1*am*33	
	☽⊻♆	2 10	g
	☽□♂	3 21	B
	☽P♄	4 38	B
	☽⊻♃	4 39	g
	♀⊥♄	7 49	
	☽P♆	2*pm*14	D
	☽⊻♅	5 46	g
	☽P♃	7 32	G
	☽∠♇	9 55	b
10 M	☽P♂	3*am*44	B
	♂✶♃	5 27	
	☿⊻♄	8 52	
	☽☍☉	11 23	B
	♄⚼♅	1*pm* 1	
	☽∠♅	10 39	b
	☽☍♄	10 46	B
11 Tu	☽✶♇	2*am*45	G
	☽☌♆	11 59	D
	☽☌♃	1*pm*57	G
	☽✶♂	3 35	G
	☽⚼♀	9 19	b
12 W	☿±♆	2*am*15	
	☽✶♅	3 0	G
	☽⚼☿	5 3	b
	☿P♀	11 13	
	☽∠♂	8*pm*50	b
13 Th	☽△♀	4*am*13	G
	☿±♃	8 9	
	☽△☿	10 30	G
	☽□♇	10 54	B
	☿⚻♇	5*pm*34	
	☽⊻♆	7 46	g
	☽⊻♃	9 16	g
14 F	☽⊻♂	1*am*31	g
	☽⚼☉	6 27	b
	☽□♅	10 16	B
	☽⚼♄	11 24	b
	♀⊻♄	9*pm*22	
	☽∠♆	10 58	b
15 S	☽∠♃	0*am*15	b
	♀±♆	4 3	
	☽△☉	11 38	G
	☽△♄	2*pm*39	G
	☽□♀	4 10	B
	♀±♃	4 37	
	☽△♇	5 12	G
	☽□☿	8 15	B
	☉P♆	8 33	
16 𝔖	☽✶♆	1*am*43	G
	☽✶♃	2 47	G
	♀⚻♇	3 28	
	☽P♂	4 6	B
	☽☌♂	9 21	B
	☉⚼♅	9 25	
	☽P♃	9 43	G
	☽P☉	1*pm* 2	G
	☽P♆	1 53	D
	☽△♅	3 44	G

MAY—*contd.*

16	☽⚼♇	*7pm*40	b
	☽P♄	9 6	B
17	☽P♇	*3am* 7	D
M	☉☌♄	11 51	
	☽⚼♅	*5pm*46	b
	☽□♄	7 44	B
	☽□☉	8 15	B
18	☽⚹♀	*1am*42	G
Tu	☽⚹☿	4 21	G
	☽P♀	5 34	G
	☽□♆	5 49	B
	☽□♃	6 29	B
	☽P☿	9 29	G
	☽⊻♂	*3pm* 5	g
	☉△♇	4 31	
19	☿∇♆	*0am*14	
W	☉P♃	2 36	
	☽∠♀	5 32	b
	☽P♅	6 15	B
	☿∇♃	6 46	
	☽∠☿	7 45	b
	☽∠♂	*5pm*11	b
	☽⚹♄	10 58	G
20	☽☍♇	*0am*19	B
Th	♀∇♆	0 33	
	☽⚹☉	2 37	G
	☿±♇	4 17	
	♀∇♃	4 28	
	☽P♅	5 41	B
	☽△♆	8 9	G
	☽△♃	8 27	G
	☽⊻♀	8 52	g
	☽⊻☿	10 46	g
	☽⚹♂	*6pm*53	G
	☽☍♅	9 19	B
21	☽∠♄	*0am* 0	b
F	♀±♇	1 32	
	☽∠☉	5 8	b
	☽P☿	6 8	G
	☽⚼♆	8 50	b
	☽⚼♃	8 58	b
	☽P♀	11 8	G
22	☽⊻♄	*0am*50	g
S	♃☌♆	4 48	
	☉P♂	5 17	
	☽P♇	7 5	D
	☽⊻☉	7 28	g
	☽P♄	*1pm*39	B
	☽☌♀	2 37	G
	☽☌☿	4 16	G
	☽P♆	7 31	D
	☽□♂	9 40	B
	☽P♃	10 50	G
23	☽P♂	*2am*15	B
𝔖	☽⚼♇	2 17	b
	☽P☉	3 31	G
	☉☍♃	9 0	
	☉☍♆	11 50	
	♂△♅	*10p* 42	
	☽⚼♅	11 11	b
24	☽☌♄	*2am*41	B
M	☽△♇	3 5	G
	☽☍♃	10 28	B
	☽☍♆	10 50	B
	☽☌☉	*0pm*33	D
	☽⊻♀	8 55	g
	☽⊻☿	10 50	g
25	☽△♅	*0am*18	G
Tu	☽△♂	1 10	G
	☿∇♅	*2pm*23	
	♄△♇	*10p* 12	
26	☽∠♀	*1am* 5	b
W	☽∠☿	3 22	b
	☽⚼♂	3 49	b
	☽□♇	6 14	B
	☽⊻♄	6 18	g
	☿□♂	9 52	
	♀∇♅	*0pm* 2	
	☽⊻☉	8 12	g
27	☽□♅	*4am*39	B
Th	☽⚹♀	6 20	G
	☿⚼♇	7 26	
	☽⚹☿	9 9	G
	☽∠♄	9 19	b
	☽⚼♃	*4pm*19	b
	☽⚼♆	5 19	b
	♀□♂	11 15	
28	☽∠☉	*1am*37	b
F	♀⚼♇	10 55	
	☽⚹♇	*0pm*38	G
	☽⚹♄	1 18	G
	☽P☉	7 16	G
	☽△♃	8 0	G
	☽△♆	9 15	G
29	☽P♂	*5am*22	B
S	☽P♃	7 46	G
	☽⚹☉	8 17	G
	♂⚼♇	9 3	
	☽P♆	10 57	D
	☽⚹♅	*0pm*38	G
	☽P♄	4 29	B
	☽∠♇	5 19	b
	☽☍♂	5 36	B
	☿±♅	6 2	
	☽□♀	8 39	B
30	☽□☿	*1am*10	B
𝔖	☽P♇	1 31	D
	☽P♀	8 13	G
	☽P☿	9 58	G
	☽∠♅	*6pm* 0	b
	♂Q♃	10 33	
	☽⊻♇	10 49	g
31	☽□♄	*0am*10	B
M	☽□♃	6 1	B
	☽□♆	7 49	B
	♀±♅	9 18	
	☉△♅	*4pm* 2	

JUNE

1	☽⊻♅	*0am* 0	g
Tu	☽□☉	0 43	B
	☿P♀	10 20	
	☽P♅	*1pm*32	B
	☽△♀	3 13	G
	☽△☿	10 24	G
2	♂Q♆	*0am*18	
W	☿P♇	9 7	
	☽☌♇	11 20	D
	☽△♄	*1pm*23	G
	☽⚼♂	2 47	b
	☽P♅	5 14	B
	☽⚹♃	6 2	G
	☽⚹♆	8 21	G
	♀P♇	9 57	
3	☽⚼♀	*1am* 6	b
Th	☽⚼☿	9 49	b
	☽☌♅	*0pm*42	B
	☽△☉	6 47	G
	☽⚼♄	8 3	b
	☽△♂	10 5	G
4	☽∠♃	*0am* 0	b
F	☽∠♆	2 32	b
	☿⚼♅	5 40	
	☽⊻♇	*11pm*38	g
5	☽⚼☉	*3am*18	G
S	☽⊻♃	5 34	g
	☽P♇	5 36	D
	☽⊻♆	8 17	g
	☽P♀	10 16	G
	☿△♇	*3pm* 8	
	☽P☿	3 40	G
	☽P♄	4 4	B
	☿P♄	6 47	
	☽P♆	8 25	D
	☽P♃	10 51	G
	☽P♂	11 41	B
6	☽⊻♅	*0am*12	g
𝔖	☽∠♇	5 1	b
	☽□♂	11 5	B
	☿☌♄	11 10	
	☉△♂	11 24	
	☽P☉	*8pm*49	G
7	☿P♆	*3am*30	
M	☿☍♃	3 35	
	☽☍♀	3 39	B
	☽∠♅	5 1	b
	☽⚹♇	9 46	G
	☽☍♄	*0pm*53	B
	♇stat	2 5	
	☽☌♃	2 54	G
	☽☍☿	4 58	B
	♀⚼♅	5 44	
	☽☌♆	5 55	D
	☿P♃	8 18	
	☿☍♆	11 20	
8	☿P♂	*0am* 3	
Tu	☽⚹♅	9 11	G
	☽⚹♂	*9pm*10	G
	♀P♄	11 35	
9	☽☍☉	*0am* 4	B
W	☽□♇	*5pm*17	B
	♀△♇	7 17	
	☽⊻♃	9 44	g
10	☽⊻♆	*1am* 0	g
Th	☽∠♂	1 11	b
	☽□♅	*3pm*43	B
	☽⚼♀	10 42	b
	☽⚼♄	11 56	b
11	☽∠♃	*0am*22	b
F	☽∠♆	3 45	b
	♀P♆	3 53	
	☽⊻♂	4 40	g
	♀☌♄	*1pm*50	
	♀☍♃	3 52	
	☽⚼☿	4 49	b
	☽P☉	6 14	G
	☽△♇	10 45	G
12	♃☍♄	*1am*21	
S	☽⚹♃	2 37	G
	☽△♄	2 39	G
	☿△♅	2 44	
	☽△♀	3 46	G
	☽P☿	4 35	G
	♀P♃	5 46	
	♀P♂	6 4	
	☽⚹♆	6 8	G
	♂P♃	11 55	
	☽⚼☉	*2pm*29	b
	☽P♀	4 50	G
	☽P♃	5 34	G
	☽P♂	5 35	B
	☽P♆	7 9	D
	☽△♅	*8pm*32	G
	☽P♄	9 53	B
	☽△☿	11 38	G
13	☽⚼♇	*0am*56	b
𝔖	♀☍♆	5 55	
	☽P♇	8 14	D
	☽☌♂	10 22	B
	☽△☉	*6pm*25	G
	☽⚼♅	10 28	b
14	☽□♃	*6am*13	B
M	☽□♄	7 7	B
	☽□♆	9 58	B
	☽□♀	*0pm*42	B
15	☽P♅	*11am*29	B
Tu	☽□☿	*0pm*18	B
	☽⊻♂	2 53	g
16	☽□☉	*1am*24	B
W	☽☍♇	6 1	B
	☿△♂	7 32	
	☽△♃	8 57	G
	☽P♅	10 26	B
	☽⚹♄	10 39	G
	☽△♆	*0pm*56	G
	☽∠♂	4 49	b
	☉P☿	5 34	
	☽⚹♀	8 28	G
17	☽☍♅	*3am* 2	B
Th	☽⚼♃	10 5	b
	☽∠♄	*0pm*10	b
	♅stat	1 30	
	☽⚼♆	2 11	b
	☽⚹♂	6 35	G
18	☽⚹☿	*0am* 5	G
F	☽∠♀	0 6	b
	☽⚹☉	7 39	G
	☽P♇	*0pm*50	D
	☽⊻♄	1 38	g
	☉□♇	10 12	
	☽P♄	11 55	B
19	☽P♆	*1am*43	D
S	☽P♂	2 32	B
	☽P♃	2 46	G
	☽⊻♀	3 42	g
	☽∠☿	5 55	b
	☽⚼♇	9 54	b
	☽∠☉	10 44	b
	☽P♀	*1pm*13	G
	☽□♂	10 5	B
20	♀△♅	*1am*15	
𝔖	☽P☉	4 27	G
	☽⚼♅	6 56	b
	☉∇♃	7 27	
	☿□♇	7 51	
	☽P☿	11 11	G
	☽P♇	11 20	G
	☽⊻☿	11 58	g
	☽☍♃	*1pm*32	B
	☽⊻☉	2 0	g
	☽☌♄	4 50	B
	☽☍♆	6 5	B
	☿∇♃	9 36	
21	☽△♅	*8am*36	G
M	☉☌☿	9 33	
	☽☌♀	11 35	G
	☿⊻♄	*8pm*36	
22	☽△♂	*2am*27	G
Tu	☿∇♆	2 48	
	☉⊻♄	*0pm*57	
	☽□♇	3 17	B
	☽⊻♄	9 25	g
	☽☌☉	9 59	D
23	☉∇♆	*0am*39	
23	☽☌☿	*1am*57	G
W	☽⚼♂	5 24	b
	☿±♃	*0pm*45	
	☽□♅	1 25	B
	☽⚼♃	7 52	b
	☽⊻♀	9 55	g
24	☽∠♄	*0am*38	b
Th	☿⚼♂	0 58	
	☽⚼♆	1 8	b
	☽P☿	3 22	G
	♂P♃	7 32	
	☽P☉	*2pm* 0	G
	☿⊥♄	6 29	
	☿±♆	8 19	
	☽⚹♇	9 43	G
	☽△♃	11 18	G
	☽P♀	11 50	G
25	☽∠♀	*4am*32	b
F	☽⚹♄	4 41	G
	☽△♆	4 53	G
	☽⊻☉	9 12	g
	☽P♂	*6pm*42	B
	☽P♃	6 52	G
	☽P♆	7 34	D
	☽⊻☿	8 21	g
	☽P♄	8 33	B
	☽⚹♅	9 9	G
	♄☍♆	11 42	
26	☿□♅	*1am* 7	
S	☉±♃	1 28	
	☽∠♇	2 8	b
	☽P♇	10 26	D
	☽⚹♀	*0pm*13	G
	☽∠☉	4 21	b
	☽☍♂	6 47	B
27	☽∠♅	*2am*13	b
𝔖	☽⊻♇	7 22	g
	☽∠☿	7 29	b
	☽□♃	8 37	B
	☿⚼♃	*1pm*50	
	☽□♆	2 46	B
	☽□♄	3 12	B
28	☽⚹☉	*0am*25	G
M	☉⚼♂	5 56	
	☽⊻♅	8 0	g
	☿±♂	*4pm* 0	
	☿Q♇	5 26	
	☽⚹☿	7 39	G
	☽P♅	8 45	B
29	☿⚼♆	*1am*35	
Tu	☉±♆	4 16	
	☽□♀	6 30	B
	☿∠♄	6 47	
	♂±♇	*1pm*35	
	♀△♂	3 22	
	☉⊥♄	4 43	
	☽☌♇	7 32	D
	☽⚹♃	8 22	G
30	☽P♅	*0am*22	B
W	☽⚹♆	2 57	G
	☽△♄	4 6	G
	☽⚼♂	*2pm* 2	b
	☽□☉	6 11	B
	☽☌♅	8 38	B

JULY

1	☽∠♃	*2am*33	b
Th	☽∠♆	9 14	b
	☽⚼♄	10 43	b
	☿∇♂	*8pm*17	

JULY—*contd.*

1	☽△♂	8pm36	G
	☽□☿	8 40	B
2	☉□♅	1 am 1	
F	☽△♀	2 0	G
	☽⊻♇	8 5	g
	☽⊻♃	8 30	g
	☽P♇	11 37	D
	☽⊻♆	3pm12	g
	♄P♆	11 4	
3	☉P♀	1am11	
S	☽P♆	3 13	D
	☽P♄	3 14	B
	☽P♃	3 34	G
	☽P♂	5 8	B
	☽⊻♅	8 36	g
	☽⚼♀	11 1	b
	☽△☉	11 14	G
	☿P♀	11 41	
	☽∠♇	1pm42	b
	☉P☿	5 45	
4	☽P☿	5am27	G
𝕾	☽P☉	6 26	G
	☽P♀	7 52	G
	☽□♂	8 5	B
	☽∠♅	1pm39	b
	♀□♇	2 29	
	♀⊼♃	3 14	
	☽△☿	6 20	G
	☽⚼☉	6 32	b
	☽⚹♇	6 37	G
	☽☌♃	6 40	G
	☉⚼♃	8 17	
	☿⚹♇	8 17	
	☿△♃	8 33	
	♃P♄	11 23	
5	☽☌♆	1am16	D
M	☿Q♅	1 17	
	♃⚹♇	3 26	
	☽☍♄	3 33	B
	☿⊻♀	7 5	
	☽⚹♅	5pm54	G
6	☽⚼☿	3 am 5	b
Tu	☽⚹♂	4pm20	G
	☿△♆	5 29	
7	☽⊻♃	1am49	g
W	☽□♇	2 3	B
	☽☍♀	7 57	B
	☽⊻♆	8 11	g
	♀⊼♆	10 35	
	☿⚹♄	1pm32	
	☽∠♂	7 16	b
8	☽□♅	0 am 6	B
Th	☉Q♇	0 31	
	☽∠♃	4 18	b
	☉⚼♆	10 28	
	☽∠♆	10 36	b
	☽☍☉	10 37	B
	☽⚼♄	1pm28	b
	☉±♂	5 57	
	♀⊻♄	6 55	
	☽⊻♂	9 33	g
	☽P♀	11 45	G
9	☽P☉	5am33	G
F	☽⚹♃	6 14	G
	☽△♇	6 43	G
	♀±♃	8 11	
	☽⚹♆	0pm28	G
	☽△♄	3 30	G
	☽P☿	5 17	G
	☽☍☿	10 9	B
9	☽P♂	10 56	B
10	☽P♄	1am29	B
S	☽P♃	2 10	G
	☽P♆	2 16	D
	☽△♅	3 55	G
	☽⚼♇	8 20	b
	☉∠♄	8 31	
	☽P♇	3pm53	D
	☽⚼♀	9 9	b
11	☽☌♂	0am43	B
𝕾	☽⚼♅	5 18	b
	♂stat	6 17	
	☽□♃	8 59	B
	☽□♆	3pm12	B
	☿P♂	3 42	
	☽□♄	6 36	B
	☽⚼☉	8 46	b
	☿⚹♅	11 20	
12	☽△♀	0am44	G
M	♀±♆	6 48	
	♀⚼♂	2pm25	
	☽P♅	4 15	B
	☿P♄	5 42	
	☽△☉	11 43	G
13	☿P♃	2am56	
Tu	☽⊻♂	3 2	g
	☿P♆	3 31	
	☽△♃	11 10	G
	☽⚼☿	11 44	b
	☽☍♇	0pm 3	B
	☿∠♇	2 33	
	☽P♅	3 52	B
	☽△♆	5 27	G
	☽⚹♄	9 16	G
14	♀⊥♄	3am29	
W	☽∠♂	4 9	b
	☽□♀	7 46	B
	☽☍♅	8 56	B
	☽⚼♃	0pm19	b
	☽△☿	4 4	G
	☽⚼♆	6 40	b
	♀□♅	9 34	
	☽∠♄	10 42	b
	☉⊼♂	11 47	
15	☽⚹♂	5am22	G
Th	☽□☉	5 47	B
	☿Q♄	7 14	
	☽P♇	4pm20	D
	☽P☿	10 58	G
16	☽⊻♄	0am20	g
F	☽P♆	6 20	D
	☽P♃	6 23	G
	☽P♄	7 46	B
	♀⚼♃	11 37	
	☽P♂	0pm14	B
	☽⚹♀	3 31	G
	☽⚼♇	4 20	b
	☽P☉	8 57	G
17	☽□☿	1am15	B
S	☽P♀	7 32	G
	☽□♂	8 25	B
	☽⚹☉	0pm53	G
	☽⚼♅	1 48	b
	☽☍♃	5 1	B
	☽△♇	6 17	G
	☽∠♀	7 56	b
	☽☍♆	11 37	B
18	☽☌♄	4am27	B
𝕾	☽△♅	4pm 4	G
	☿P♇	4 39	
	☽∠☉	5 3	b
19	☽⊻♀	0am50	g
19	☽⚹☿	11a 52	G
M	☽△♂	0pm43	G
	♀Q♇	0 48	
	♀⚼♆	1 6	
	♀±♂	2 10	
	☿⊥♇	7 0	
	☿☍♂	7 43	
	☽⊻☉	9 46	g
	☽□♇	11 21	B
	☉△♃	11 38	
20	♂±♇	2am51	
Tu	☽⊻♄	10 12	g
	☽⚼♂	3pm33	b
	☽∠☿	6 0	b
	☉⚹♇	8 39	
	☽□♅	9 59	B
21	☽⚼♃	1 am 6	b
W	☽⚼♆	8 8	b
	☉Q♅	8 12	
	☽☌♀	0pm39	G
	☽∠♄	1 54	b
22	☽⊻☿	0am49	g
Th	♀∠♄	2 43	
	☽P♀	3 51	G
	☽△♃	4 55	G
	☽⚹♇	6 36	G
	☽☌●	9 17	D
	☿∠♅	11 0	
	☽△♆	0pm 5	G
	☉P♂	2 39	
	☽P♂	5 56	B
	☽P☉	6 12	G
	☽⚹♄	6 14	G
23	☽P♄	1am37	B
F	☽P♃	3 45	G
	☽P♆	3 52	D
	☽⚹♅	6 17	G
	☽∠♇	11 9	b
	☿□♃	6pm38	
	☽P♇	8 6	D
	☉△♆	10 33	
24	♀⊼♂	0 am 5	
S	☽☍♂	3 21	B
	☽⊻♀	3 46	g
	☽∠♅	11 24	b
	☽P☿	0pm 4	G
	☿⊻♇	1 42	
	☽□♃	2 29	B
	☽⊻♇	4 22	g
	☽●☿	4 39	G
	♃stat	7 0	
	☽□♆	9 57	B
	☽⊻☉	11 58	g
25	☽□♄	4am51	B
𝕾	☽∠♀	0pm36	b
	☽⊻♅	5 7	g
26	☽P♅	3am13	B
M	☽∠☉	8 26	b
	☽⚹♀	10pm6	G
27	☿□♆	1am24	
Tu	☽⚹♃	2 20	G
	☽☌♇	4 23	D
	☽P♅	8 56	B
	☽⚹♆	9 58	G
	☽⊻☿	10 50	g
	☽⚹☉	5pm20	G
	☽△♄	5 31	G
	☉⚹♄	7 28	
	☽⚼♂	7 50	b
28	☽☌♅	5am44	B
W	☽∠♃	8 44	b
	☉P♄	11 43	
28	☽P☿	2pm12	G
	♀△♃	3 19	
	☽∠♆	4 19	b
	☽∠☿	8 6	b
29	☽⚼♄	0 am 6	b
Th	☽△♂	1 42	G
	♀⚹♇	11 56	
	☽⊻♃	3 pm 4	g
	☽⊻♇	5 11	g
	☽P♇	5 12	D
	☽□♀	5 47	B
	♀Q♅	10 16	
	☽⊻♆	10 33	g
30	☽⚹☿	4am57	G
F	☉P♃	7 31	
	♀P♂	8 1	
	☽P♆	10 37	D
	☽P☉	10 49	G
	☽P♃	11 1	G
	☽□☉	11 7	B
	☽P♄	1pm38	B
	☉P♆	2 15	
	☽⊻♅	6 15	g
	☿⊥♅	10 57	
	☽∠♇	11 10	b
31	☽P♀	1 am 7	G
S	☽P♂	2 40	B
	☿□♄	2 44	
	☽□♂	0pm25	B
	♀△♆	3 59	
	☽∠♅	11 45	b

AUGUST

1	☽☌♃	2am26	G
𝕾	☽⚹♇	4 29	G
	☽☌♆	9 29	D
	☽△♀	11 24	G
	☽☍♄	5pm26	B
	☽□☿	7 56	B
2	☽△☉	2am13	G
M	☽⚹♅	4 24	G
	☽⚼♀	6pm34	b
	☽⚹♂	8 22	G
3	☽⚼☉	8 am 8	b
Tu	☉⚹♅	8 38	
	☽⊻♃	10 39	g
	☽□♇	0pm35	B
	☽⊻♆	5 6	g
	☽∠♂	11 3	b
4	♀⚹♄	5 am 2	
W	☽△☿	6 3	G
	☽□♅	11 2	B
	☽∠♃	1pm25	b
	☽∠♆	7 36	b
5	☽⊻♂	0am53	g
Th	☽⚼♄	3 18	b
	☽⚼☿	9 21	b
	☽⚹♃	3pm22	G
	☽△♇	5 9	G
	☽P♂	6 41	B
	☽⚹♆	9 19	G
	☉∠♇	11 32	
6	☽△♄	4am57	G
F	☽P♀	7 41	G
	☽P♄	8 38	B
	☽☍♀	9 12	B
	☽P♃	10 52	G
	☽P♆	11 32	D
	☽△♅	2pm24	G
	☽⚼♇	6 24	b
6	☽☍☉	7pm42	B
	☽P☉	8 4	G
	♀P♄	10 53	
7	☽P♇	2am26	D
S	☽☌♂	2 36	B
	☽⚼♅	3pm16	b
	☽□♃	5 29	B
	☽□♆	11 5	B
8	☿⊻♀	5am31	
𝕾	☽□♄	6 45	B
	♀P♃	10 18	
	☽☍☿	2pm34	B
	☽P☿	5 43	G
	☽P♅	10 28	B
	♀P♆	11 19	
	♀⚹♅	11 44	
9	☽⊻♂	2am48	g
M	☽⚼♀	5pm48	b
	☽△♃	6 32	G
	☽☍♇	8 11	B
	☽△♆	11 57	G
	☽P♅	11 59	B
10	☽⚼☉	2am27	b
Tu	☽∠♂	2 48	b
	☽P☿	3 39	G
	☉☍♂	6 53	
	☽⚹♄	7 52	G
	☉Q♄	10 31	
	☽☍♅	4pm56	B
	☽⚼♃	7 10	b
	☽△♀	8 35	G
	♀∠♇	10 58	
11	☽⚼♆	0am32	b
W	☽⚹♂	2 59	G
	☽△☉	4 48	G
	☽∠♄	8 39	b
	☽⚼☿	5pm26	b
	☽P♇	8 10	D
	☽P☉	8 41	G
12	☽P♀	6am35	G
Th	☉P♇	7 0	
	☽⊻♄	9 48	g
	☽P♆	11 40	D
	☽P♃	0pm46	G
	☽P♄	2 56	B
	♆stat	4 25	
	☽△☿	6 44	G
	☿stat	7 5	
	☽⚼♇	11 1	b
13	☽□♀	3am33	B
F	☽□♂	4 25	B
	☽P♂	8 56	B
	☽□☉	10 56	B
	♀☍♂	11 49	
	☽⚼♅	8pm55	b
	☽☍♃	11 19	B
14	☽△♇	0am55	G
S	☽☍♆	4 44	B
	♀Q♄	0pm12	
	☽☌♄	1 42	B
	☽□☿	10 25	B
	☽△♅	11 19	G
15	☽△♂	7am55	G
𝕾	☽⚹♀	1pm21	G
	☉⊥♇	4 3	
	☽⚹☉	7 53	G
16	☽□♇	6am33	B
M	☽⚼♂	10 33	b
	☽∠♀	7pm31	b
	☽⊻♄	8 3	g
17	☽∠☉	1am31	b
Tu	☽⚹☿	3 42	G

AUG.—*contd.*

17	☽□♅	6am6	B
	☽⚼♃	8 49	b
	☽⚼♆	2pm12	b
18 W	☽∠♄	0am9	b
	☽⊻♀	2 30	g
	☽∠☿	6 53	b
	☽⊻☉	7 57	g
	☽P♂	8 46	B
	♀⊥♇	10 22	
	☽△♃	1pm14	G
	☽✶♇	2 40	G
	☽△♆	6 35	G
19 Th	♀P♇	0am45	
	☽✶♄	4 52	G
	☽P♄	6 50	B
	☽P♃	8 52	G
	☽⊻☿	10 23	g
	☽P♆	10 45	D
	☽✶♅	3pm18	G
	☉∠♅	5 50	
	☽∠♇	7 37	b
	☽☍♂	10 0	B
20 F	☽P♇	5am18	D
	☽P♀	7 43	G
	☽P☉	5pm27	G
	☽☌♀	6 48	G
	☽∠♅	8 43	b
	☽☌●	10 55	D
	☽□♃	11 46	B
21 S	☽⊻♇	1am4	g
	☽□♆	4 58	B
	☉□♃	10 52	
	♀∠♅	2pm27	
	☽□♄	3 50	B
	☽☌☿	6 6	G
22 𝔖	☽⊻♅	2am36	g
	☉⊻♇	3 3	
	☽P☿	4 31	G
	☽P♅	8 26	B
	♀□♃	10p56	
23 M	☿□♄	1am50	
	♀⊻♇	9 58	
	☽✶♃	0pm11	G
	☽☌♇	1 15	D
	☽⊻♀	1 37	g
	☽⚼♂	1 51	b
	☽⊻☉	4 9	g
	☽✶♆	5 5	G
	☿⊥♅	6 14	
	☽P♅	6 16	B
24 Tu	☽P☿	1am6	G
	☽⊻☿	2 29	g
	☉□♆	3 46	
	☽△♄	4 23	G
	☽☌♅	3pm20	B
	☽∠♃	6 45	b
	☽△♂	7 42	G
	♂⚼♇	8 39	
	♀□♆	11 9	
	☽∠♆	11 28	b
	☽∠♀	11 31	b
25 W	☽∠☉	1am12	b
	☽P☉	3 0	G
	☽∠☿	6 46	b
	☽P♀	9 46	G
	☽⚼♄	10 54	b
	☽P♇	10p20	D
26 Th	☽⊻♃	1am23	g
	☽⊻♇	2 9	g
	☽⊻♆	5 52	g
26	☽✶♀	9am25	G
	☽✶☉	10 16	G
	☽✶☿	10 58	G
	☉☌☿	3pm2	
	☽P♆	6 20	D
	☿☌♀	6 38	
	☽P♃	9 16	G
	☽P♄	10 40	B
27 F	☽⊻♅	4am14	g
	☽□♂	7 22	B
	☽∠♇	8 25	b
	☉☌♀	7pm1	
	☽P♂	11 46	B
28 S	☽∠♅	10am9	b
	☽☌♃	1pm45	G
	☽✶♇	2 12	G
	☽☌♆	5 40	D
	☽□☿	6 37	B
29 𝔖	☽□☉	2am56	B
	☽□♀	3 43	B
	♀⊥♅	4 25	
	☽☍♄	4 52	B
	☿□♆	8 52	
	☉⊥♅	2pm28	
	☽✶♅	3 23	G
	♀□♄	3 33	
	☽✶♂	5 24	G
30 M	☉□♄	4am41	
	☽∠♂	9pm19	b
	☽⊻♃	11 22	g
	☽□♇	11 29	B
31 Tu	☽△☿	0am25	G
	☽⊻♆	2 38	g
	☉P☿	6 40	
	☽△☉	3pm42	G
	☽△♀	5 48	G
	♂Q♆	6 0	
	☿⊻♇	6 55	
	☿□♃	7 20	
	♃✶♇	10 54	
	☽□♅	11 9	B

SEPTEMBER

1 W	☽⊻♂	0am18	g
	☽∠♃	2 43	b
	☽⚼☿	2 46	b
	☽∠♆	5 41	b
	☿P♀	6 57	
	☽⚼♄	3pm57	b
	☽⚼☉	8 16	b
	☽P♂	9 11	B
	☽⚼♀	10 54	b
2 Th	☽△♇	4am57	G
	☽✶♃	5 6	G
	☽✶♆	7 46	G
	☽△♄	5pm44	G
	☽P♄	6 2	B
	☽P♃	6 26	G
	☽P♆	9 37	D
3 F	☽△♅	3am3	G
	☽☌♂	3 35	B
	♀⊻♅	5 51	
	☽⚼♇	6 19	b
	♀∇♂	11 22	
	☽P♇	2pm40	D
4 S	☽⚼♅	3am49	b
	☽☍☿	4 42	B
	☽P☿	7 19	G
	☽□♃	7 22	B
	☽□♆	9 34	B
	☽P♀	5pm49	G
4	☽□♄	7pm4	B
	☽P☉	7 38	G
5 𝔖	☽☍☉	4am3	B
	☽⊻♂	4 9	g
	☉⊻♅	4 17	
	☉∇♂	5 39	
	☿stat	5 46	
	☽P♅	6 30	B
	☽☍♀	8 1	B
	♂△♅	4pm52	
	♃P♄	6 34	
6 M	☽∠♂	3am55	b
	☽☍♇	7 0	B
	☽△♃	7 40	G
	☽△♆	9 28	G
	☽P♅	11 19	B
	☽✶♄	6pm52	G
	☽P☉	7 25	G
	☽P♀	8 13	G
7 Tu	☽✶♂	3am40	G
	☽☍♅	3 54	B
	☽⚼☿	4 48	b
	☽⚼♃	7 41	b
	☽⚼♆	9 20	b
	☽P☿	1pm26	G
	☽∠♄	6 48	b
	♀Q♃	7 17	
8 W	☽P♇	2am27	D
	♀±♂	2 53	
	☽△☿	5 26	G
	☽⚼☉	8 43	b
	☽⚼♀	2pm19	b
	♀Q♆	2 25	
	☽⊻♄	7 6	g
	☽P♆	7 40	D
	☽P♄	11 7	B
	☉P♀	11 17	
	☽P♃	11 35	G
9 Th	☽□♂	4am4	B
	☽⚼♇	7 36	b
	☽△☉	11 3	G
	♂stat	1pm52	
	☽P♂	5 19	B
	☽△♀	5 22	G
10 F	☿⊻♇	1am35	
	☽⚼♅	5 46	b
	☽△♇	8 51	G
	☽□☿	9 13	B
	☽☍♃	10 10	B
	☽☍♆	11 20	B
	♂Q♃	9pm11	
	☽☌♄	9 33	B
11 S	☿□♃	5am2	
	☽△♂	7 3	G
	☉±♂	7 22	
	☽△♅	7 45	G
	☉Q♃	8 43	
	♀P♅	5pm59	
	☽□☉	6 25	B
	☿□♆	9 23	
	☉Q♆	11 17	
12 𝔖	☽□♀	2am26	B
	☽⚼♂	9 49	b
	☉P♅	1pm12	
	☽□♇	1 49	B
	☽✶☿	5 56	G
13 M	☽⊻♄	3am17	g
	☽□♅	2pm20	B
	☽⚼♃	7 41	b
	☽⚼♆	8 13	b
14 Tu	☽∠☿	0am24	b
	☽✶☉	6 1	G
14	☽∠♄	7am25	b
	☽✶♀	4pm3	G
	☽P♂	5 31	B
	☽✶♇	10 10	G
15 W	☽△♃	0am31	G
	☽△♆	0 47	G
	☽⊻☿	8 18	g
	☽P♃	10 13	G
	☽P♄	11 55	B
	☽✶♄	0pm14	G
	♀⚼♂	1 0	
	☽∠☉	1 16	b
	☽P♆	3 49	D
	☽☍♂	11 15	B
16 Th	☽✶♅	0am5	G
	☽∠♀	0 20	b
	☽∠♇	3 24	b
	♃☌♆	5 31	
	☽P♇	1pm17	D
	☿□♄	7 40	
	☽⊻☉	9 16	g
	☿⊥♅	9 46	
17 F	☽∠♅	5am52	b
	♀☌♇	7 27	
	☽⊻♇	9 10	g
	☽⊻♀	9 21	g
	☽P☿	11 8	G
	☽□♆	11 47	B
	☽□♃	0pm6	B
	☽□♄	11 31	B
18 S	☽☌☿	3am30	G
	♀✶♆	9 19	
	☽⊻♅	11 59	g
	☽P♅	0pm8	B
	♀✶♃	3 12	
	☽P☉	11 41	G
19 𝔖	♄stat	1am42	
	☽P♀	5 28	G
	☽P♀	9 38	G
	☽☌☉	2pm43	D
	☽P☉	2 45	G
	☽⚼♂	5 54	b
	☽☌♇	9 37	D
20 M	☽✶♆	0am12	G
	☽✶♃	1 10	G
	☽P♅	3 38	B
	☽☌♀	4 42	G
	☽△♄	0pm0	G
	♂Q♆	5 22	
	☿∇♂	5 45	
	☿⊻♅	8 13	
	☽P☿	8 47	G
21 Tu	☽△♂	0am38	G
	☽☌♅	0 55	B
	☽⊻☿	1 40	g
	☽∠♆	6 39	b
	☽∠♃	7 57	b
	☉⚼♂	11 28	
	☉P♀	5pm49	
	☽⚼♄	6 24	b
22 W	☽P♇	3am1	D
	☽⊻☉	8 56	g
	☽⊻♇	10 35	g
	♂△♅	11 37	
	☽⊻♆	1pm4	g
	☽∠☿	1 14	b
	☽⊻♃	2 43	g
23 Th	☽⊻♀	0am33	g
	♀△♄	2 4	
	☽P♆	2 4	D
	☉☌♇	5 42	
	☽P♄	5 49	B
23	☽P♃	9am22	G
	☽⊻♅	1pm54	g
	☽□♂	2 9	B
	☽∠♇	4 55	b
	☽∠☉	5 53	b
	☽P♂	6 46	B
24 F	☽✶☿	0am43	G
	☿Q♆	5 12	
	☽∠♀	10 10	b
	☉✶♆	0pm13	
	☿±♂	0 54	
	☽∠♅	8 2	b
	☿Q♃	8 15	
	☽✶♇	10 57	G
25 S	☽☌♆	1am19	D
	☽✶☉	2 27	G
	☽☌♃	3 36	G
	☽☍♄	0pm32	B
	☽✶♀	7 11	G
	☉✶♃	7 25	
26 𝔖	☽✶♅	1am40	G
	☽✶♂	2 35	G
	☿P♅	8 2	
	☽□☿	9pm50	B
27 M	☽∠♂	7am53	b
	☽□♇	9 19	B
	☽⊻♆	11 30	g
	☿P♀	1pm48	
	☽⊻♃	2 19	g
	☽□☉	5 17	B
28 Tu	☽□♀	10a23	B
	☽□♅	10 45	B
	☽⊻♂	0pm19	g
	♀☌♅	2 16	
	☽∠♆	3 21	b
	☽∠♃	6 22	b
29 W	☽⚼♄	1am25	b
	♀△♂	11 17	
	☉P☿	0pm21	
	♀P♅	0 45	
	☽△☿	2 4	G
	☽△♇	4 16	G
	☽✶♆	6 14	G
	☽P♂	8 49	B
	☽✶♃	9 26	G
	☽P♃	11 7	G
30 Th	☽P♄	3am34	B
	☽△☉	3 42	G
	☽△♄	3 50	G
	☿⚼♂	4 38	
	☉△♄	5 42	
	☽P♆	6 23	D
	☿☌♇	6 51	
	♀∠♆	3pm48	
	☽△♅	4 1	G
	☽☌♂	6 12	B
	☽⚼♇	6 16	b
	☽⚼☿	7 55	b
	☽△♀	8 35	G
	☿✶♆	9 48	
	♂⚼♇	10 14	

OCTOBER

1 F	☽P♇	2am22	D
	☽⚼☉	7 6	b
	♂Q♃	3pm6	
	☽⚼♅	5 14	b
	☽□♆	9 12	B
	☽□♀	11 53	b
2 S	☽□♃	0am40	B
	☿✶♃	2 25	

OCT.—*contd.*

Day	Aspect	Time	
	♂P♃	4am31	
2	☽□♄	6 0	B
	☽P♀	10 8	G
	♀∠♃	10 40	
	☽P♅	3pm 4	B
	☽P☉	7 28	G
	☽⊥♂	8 29	g
3 Su	☽P☿	5am44	G
	☽☍♇	7pm35	B
	☽∠♂	8 43	b
	☽△♆	9 17	G
	☿△♄	9 24	
	☽P☉	9 36	G
4 M	☽P♅	0am35	B
	☽△♃	1 5	G
	☽⚹♄	5 36	G
	☽☍☿	6 42	B
	☽P♀	8 41	G
	☽☍☉	0pm20	B
	☽☍♅	5 14	B
	☽⚹♂	8 41	G
	☽⚼♆	8 49	b
	♀⚼♄	11 7	
5 Tu	☽⚼♃	0am50	b
	☽∠♄	5 3	b
	☽☍♀	5 35	B
	☽P♇	11 28	D
6 W	☽⊻♄	4am37	g
	☉P♅	6 29	
	☽P♆	6 36	D
	☽P♄	8 52	B
	☽P♂	10 19	B
	☽P♃	2pm23	G
	☽⚼♇	6 37	b
	☽□♂	9 5	B
7 Th	☽⚼☿	3pm35	b
	☽⚼☉	4 53	b
	☽⚼♅	5 10	b
	☽△♇	7 3	G
	☽☍♆	8 46	B
	☉☌♅	9 24	
8 F	♀⊥♆	0am59	
	☽☍♃	1 47	B
	☽☌♄	5 13	B
	☿☌♅	5 18	
	♂P♄	8 59	
	☽⚼♀	0pm51	b
	☉☌☿	2 47	
	☽△♅	6 24	G
	☽△☉	7 52	G
	☽△☿	8 10	G
	☿P♅	9 8	
9 S	☽△♂	0am 0	G
	☿∠♆	11 44	
	☽△♀	5pm18	G
	☽□♇	10 30	B
10 Su	☽⚼♂	3am 0	b
	☉∠♆	3 56	
	☽⊻♄	9 10	g
	☿△♂	10 30	
	♀⊥♃	8pm50	
	♂P♆	10 27	
	☽□♅	11 46	B
11 M	☽⚼♆	3am37	b
	☽□☉	5 31	B
	☽□☿	9 37	B
	☉P☿	10 8	
	☽⚼♃	10 12	b
	☽∠♄	0pm39	b
	☿∠♃	2 27	

Day	Aspect	Time	
11	♀±♄	11p54	
12 Tu	♀⊻♇	3am36	
	☽⚹♄	6 1	G
	☽□♀	6 17	B
	☽△♆	7 56	G
	☿⚼♄	8 14	
	☽P♃	9 23	G
	☉△♂	2pm 5	
	☽△♃	3 5	G
	☽⚹♄	5 7	G
	☽P♄	5 35	B
	☽P♆	7 47	D
	☽P♂	9 48	B
	☿⊻♆	11 17	
13 W	☽⚹♅	9am12	G
	☽∠♇	11 9	b
	☽☍♂	6pm31	B
	☽⚹☉	8 4	G
	☽P♇	8 6	D
14 Th	☽⚹☿	4am38	G
	☽P♀	7 29	G
	☉∠♃	7 31	
	☽∠♅	3pm 2	b
	☽⊻♇	4 58	g
	☽□♆	6 56	B
	☽P☿	7 37	G
	☿⊥♆	9 40	
	☉⚼♄	10 57	
	☽⚹♀	11 52	G
15 F	☽P☉	0am42	G
	☽□♃	3 12	B
	☽□♄	4 9	B
	☽∠☉	4 39	b
	☽P♅	2pm42	B
	☽∠☿	3 30	b
	☽⊻♅	9 21	g
16 S	☽∠♀	9am40	b
	♀⊻♃	0pm52	
	☽⊻☉	1 40	g
	♀∇♄	3 30	
17 Su	♀⊥♇	2am34	
	☽⊻☿	2 43	g
	♃☍♄	3 7	
	☽☌♇	5 41	D
	☽⚹♆	7 39	G
	☽P♅	0pm34	B
	☿±♄	3 1	
	☽⚼♂	4 7	b
	☽△♄	4 34	G
	☽⚹♃	4 51	G
	☿⊥♃	5 1	
	☽⊻♀	7 38	g
18 M	☿⊻♇	0am41	
	☽P☉	8 17	G
	☽☌♅	10 26	B
	☽∠♆	2pm 8	b
	☿⊻♆	3 15	
	☽P☿	9 10	G
	☽⚼♄	10 49	b
	☽△♂	11 37	G
	☽∠♃	11 44	b
19 Tu	☽P♀	7am18	G
	☽P♇	7 34	D
	☽☌☉	7 59	D
	♀P♇	10 11	
	☉⊥♆	0pm47	
	☽⊻♇	6 35	g
	☽⊻♆	8 31	g
	☽P♂	11 33	B
20 W	☽☌☿	0am59	G
	☽⊻♃	6 29	g
	☽P♆	9 34	D

Day	Aspect	Time	
20	☽P♄	11am6	B
	☽☌♀	3pm18	G
	☽P♃	10 16	G
	☽⊻♅	11 12	g
21 Th	☽∠♇	0am47	b
	☿∇♄	5 42	
	☽□♂	2pm 9	B
	☿⊥♇	8 26	
	☿⊻♃	11 8	
22 F	☿P♇	1am 7	
	☽⊻☉	1 33	g
	☽∠♅	5 14	b
	☽⚹♇	6 44	G
	☽☌♆	8 38	D
	☽☍♄	4pm28	B
	☽☌♃	7 14	G
	☽⊻☿	9 51	g
23 S	☽⊻♀	9am38	g
	☽∠☉	9 44	b
	☽⚹♅	10 54	G
	☉±♄	1pm36	
	♀⊻♅	10 51	
24 Su	☽⚹♂	3am23	G
	☽∠☿	7 21	b
	♀P♂	10 51	
	♀∠♇	0pm51	
	☽⚹☉	5 18	G
	☽□♇	5 25	B
	☽∠♀	5 54	b
	☉⊻♇	6 39	
	☽⊻♆	7 15	g
25 M	☽⊻♃	6am15	g
	☿P♂	6 32	
	☽∠♂	9 10	b
	☉⊥♃	1pm58	
	☽⚹☿	3 57	G
	☉⊻♆	6 21	
	☽□♅	8 39	B
	☽∠♆	11 40	b
26 Tu	☽⚹♀	1am20	G
	☽⚼♄	6 26	b
	☽∠♃	10 46	b
	☽⊻♂	2pm12	g
	☽P♃	11 49	G
27 W	☽△♇	1am35	G
	♂±♇	2 11	
	☽⚹♆	3 19	G
	☽□☉	5 54	B
	☿⊻♅	8 23	
	☽△♄	9 41	G
	☽P♄	11 33	B
	☽P♆	0pm12	D
	☽⚹♃	2 26	G
	☿∠♇	6 13	
	☽P♀	7 16	G
	☽P☿	7 26	G
28 Th	☿P♀	0am33	
	☽△♅	3 23	G
	☽⚼♇	4 25	b
	☽P♂	5 15	B
	☽□☿	5 40	B
	☽P♇	11 29	D
	☽□♀	0pm56	B
	☽P☉	3 59	G
	☽☌♂	9 29	B
29 F	♀⊥♅	0am20	
	☽⚼♅	5 25	b
	☉∇♄	5 37	
	☽□♆	7 59	B
	☽□♄	1pm36	B
	☽△☉	2 14	G
	☽□♃	7 1	B

Day	Aspect	Time	
29	☽P♅	10pm2	B
30 S	☿P♆	0pm27	
	☽△☿	2 26	G
	☿P♄	3 25	
	☽⚼☉	4 52	b
	☽△♀	7 59	G
	☉⊥♇	11 50	
31 Su	☽⊻♂	1am 7	g
	☽☍♇	7 53	B
	☽△♆	9 26	G
	☿⊥♅	11 17	
	☽P♅	1pm31	B
	☽⚹♄	2 25	G
	♀P♆	4 39	
	☽⚼☿	5 17	b
	☉P♇	5 41	
	♀P♄	7 23	
	☽△♃	8 28	G
	☽⚼♀	10 14	b

NOVEMBER

Day	Aspect	Time	
1 M	☽∠♂	1am54	b
	☽☍♅	7 3	B
	☽⚼♆	9 20	b
	☽∠♄	2pm 5	b
	☽⚼♃	8 29	b
	☽P♇	9 36	D
	☉P♂	10 27	
	☽P♂	11 10	B
	☽P☉	11 14	G
2 Tu	☽⚹♂	2am21	G
	☉⊻♃	3 31	
	☽⊻♄	1pm33	g
	♄P♆	4 42	
	☽P♄	6 53	B
	☽P♆	6 54	D
	☽☍☉	9 20	B
	☽P♀	10 28	G
3 W	☽P☿	3am25	G
	☽P♃	7 2	G
	☽⚼♇	7 9	b
	♂P♇	6pm 5	
	♀□♂	10 42	
4 Th	☽☍☿	0am 6	B
	☽□♂	3 29	B
	☽☍♀	3 44	B
	☽⚼♅	6 31	b
	☽△♇	7 9	G
	☽☍♆	8 43	B
	☽☌♄	1pm 5	B
	☿P♃	7 24	
	☽☍♃	9 6	B
5 F	☽△♅	7am 8	G
	☉⊥♅	7 19	
	♀∠♅	2pm20	
	♀⚹♇	9 20	
6 S	☿□♂	3am53	
	☽⚼☉	3 59	b
	☽△♂	7 5	G
	☽□♇	9 10	B
	☽⊻♄	3pm10	g
	♀☌♆	4 52	
	☿∠♅	8 9	
7 Su	☿⚹♇	1am34	
	☽△☉	8 16	G
	☽⚼♂	10 26	b
	☽□♅	11 3	B
	☽⚼☿	0pm47	b
	☽⚼♆	1 23	b
	☽⚼♀	3 27	b

Day	Aspect	Time	
7	☽∠♄	5pm39	b
	☿☌♆	6 32	
8 M	☽P☿	1am23	G
	♂⚼♅	3 52	
	☽⚼♃	4 20	b
	☽P♃	9 13	G
	☽P♀	10 17	G
	♀☍♄	1pm32	
	☽⚹♇	3 8	G
	☽△♆	5 2	G
	♂∇♇	5 15	
	☽△☿	7 46	G
	☽⚹♄	9 11	G
	☽△♀	10 4	G
	☉⊻♅	11 50	
9 Tu	☽P♆	0am20	D
	☽P♄	1 5	B
	♀P♃	3 29	
	☉∠♇	6 11	
	☿☍♄	8 0	
	☽△♃	8 56	G
	☽P☉	0pm42	G
	☽⚹♅	7 16	G
	☽∠♇	7 44	b
	☽□☉	8 53	B
10 W	☽P♇	2am41	D
	☽P♂	10 0	B
	♂□♆	5pm17	
11 Th	☽∠♅	0am47	b
	☽⊻♇	1 11	g
	☽□♆	3 14	B
	☽☍♂	3 40	B
	☽□♄	7 7	B
	☽□☿	1pm40	B
	☽□♀	3 9	B
	☽P♅	5 19	B
	☽□♃	8 57	B
12 F	☽⊻♅	6am58	g
	☽⚹☉	1pm52	G
13 S	☽☌♇	1pm45	D
	☽⚹♆	3 52	G
	☽△♄	7 15	G
	☽P♅	9 7	B
	♂□♄	10 21	
	☽∠☉	11 6	b
14 Su	♀☌♃	9am21	
	☽⚹☿	10 13	G
	☽⚹♃	10 49	G
	☽⚹♀	10 57	G
	☿☌♃	4pm21	
	☽☌♅	8 3	B
	☽∠♆	10 24	b
	☽P♂	11 39	B
15 M	☽⚼♄	1am27	b
	☽⚼♂	2 59	b
	☽⊻☉	8 20	g
	☽P♇	0pm37	D
	☽∠♃	5 43	b
	♀Q♇	5 55	
	☽∠☿	8 22	b
	☽∠♀	8 50	b
	☿Q♇	9 55	
16 Tu	☽⊻♇	2am35	g
	☽⊻♆	4 44	g
	☽△♂	10 41	G
	☽P☉	2pm27	G
	☽P♄	3 10	B
	☽P♆	4 58	D
17 W	☽⊻♃	0am21	g
	☉P♄	1 24	
	☽⊻☿	6 2	g
	☽⊻♀	6 20	g

NOV.—*contd.*

Day	Aspect	Time	
17	☽⊻♅	*8am*35	g
	☽∠♇	8 38	b
	☽P♃	11 1	G
18 Th	☽P♀	*0am*10	G
	☽☌☉	1 46	D
	♀⚹♅	4 52	
	☿⚹♅	7 15	
	☉P♆	8 26	
	☽⚹♇	*2pm*19	G
	☽∠♅	2 20	b
	☽☌♆	4 29	D
	☽☍♄	6 35	B
	☽P☿	7 15	G
19 F	☽□♂	*0am*58	B
	☽☌♃	*0pm*30	G
	☽⚹♅	7 40	G
	☽☌☿	11 29	G
	☽☌♀	11 49	G
20	☽⊻☉	*5pm*15	g
21 Su	☽□♇	*0am*28	B
	☽⊻♆	2 37	g
	☽⚹♂	*1pm*26	G
	☽P☿	1 30	G
	☽⊻♃	10 53	g
22 M	☽∠☉	*0am*11	b
	☽□♅	5 2	B
	☽P♀	5 54	G
	☽∠♆	7 0	b
	☽⚼♄	8 13	b
	☽⊻☿	*2pm* 3	g
	☽⊻♀	2 55	g
	☽∠♂	6 51	b
	♃Q♇	8 20	
	☽P♃	10 14	G
23 Tu	☽∠♃	*3am*17	b
	☽⚹☉	6 25	G
	☽△♇	8 43	G
	☽P☉	9 14	G
	☽⚹♆	10 51	G
	☽△♄	11 48	G
	☽P♆	*3pm*34	D
	☽P♄	6 3	B
	☽∠☿	8 4	b
	☽∠♀	9 25	b
	☽⊻♂	11 40	g
24 W	☽⚹♃	*7am* 6	G
	☽⚼♇	*0pm* 0	b
	☽△♅	0 17	G
	☉⚹♇	0 36	
	☉∠♅	4 48	
	☽P♇	5 16	D
25 Th	☽⚹☿	*1am* 7	G
	☽⚹♀	3 3	G
	☽⚼♅	*2pm*56	b
	☽P♂	3 39	B
	☽□☉	4 36	B
	☽□♆	4 41	B
	☽□♄	5 7	B
	☉☌♆	5 45	
	♂±♅	6 58	
	☉☍♄	11 7	
26 F	☽P♅	*2am*20	B
	☽☌♂	7 4	B
	☽□♃	*0pm*40	B

Day	Aspect	Time	
27 S	☽□☿	*8am*10	B
	☽□♀	11 41	B
	☽☍♇	*5pm*47	B
	♄☍♆	6 51	
	☽⚹♄	7 50	G
	☽△♆	7 51	G
	☽△☉	11 29	G
	☽P♅	11 52	B
28 Su	♀Q♅	*5am*53	
	☽P♂	7 17	B
	☽⊻♂	11 33	g
	☽△♃	*3pm*32	G
	☽☍♅	6 58	B
	☽∠♄	8 21	b
	☽⚼♆	8 34	b
29 M	☽⚼☉	*1am*52	b
	☽P♇	6 42	D
	☽△☿	11 43	G
	☽∠♂	*0pm*58	b
	☽⚼♃	4 15	b
	☽△♀	5 22	G
	☽⊻♄	8 30	g
30 Tu	☽P♄	*3am*13	B
	☽P♆	6 7	D
	♀Q♂	7 42	
	♀□♇	11 30	
	☽⚼☿	*0pm*38	b
	☽⚹♂	2 7	G
	☽⚼♇	7 1	b
	☽P☉	7 7	G
	☽⚼♀	7 41	b
	☽P♃	10 29	G

DECEMBER

Day	Aspect	Time	
1 W	♀∇♄	*4am*52	
	♀⊻♆	*1pm* 0	
	☽P♀	4 10	G
	☽P☿	7 0	G
	☽△♇	7 14	G
	☽⚼♅	7 49	b
	☽☌♄	8 33	B
	☽☍♆	9 20	B
2 Th	☽☍☉	*7am*50	B
	☽□♂	*4pm*47	B
	☽☍♃	6 8	B
	☽△♅	8 24	G
3 F	☿stat	*3 am* 8	
	☿P♀	7 57	
	☽☍☿	*2pm*54	B
	☽□♇	8 51	B
	☽⊻♄	9 54	g
4 S	☽☍♀	*4am*37	B
	☽P♀	*6pm* 8	G
	♂□♃	7 27	
	☽P☿	9 19	G
	☽△♂	9 52	G
	☽□♅	11 30	B
	☽∠♄	11 37	b
	☽⚼♆	*1 am* 8	b
5 Su	♂P♅	5 49	
	☉P♃	10 44	
	☽P☉	*0 pm* 3	G
	☽P♃	0 6	G
	♄⚼♅	1 37	
	♀±♄	5 37	

Day	Aspect	Time	
5	☽⚼☉	*6pm*39	b
6 M	☽⚼♃	*1 am* 1	b
	☽⚹♇	1 34	G
	☽⚼♂	1 56	b
	☽⚹♄	2 19	G
	☽△♆	4 7	G
	☽P♆	6 58	D
	☽P♄	10 58	B
	♀⊥♆	*0pm*24	
	♂∇♅	1 12	
	☉Q♇	2 29	
	☽⚼☿	8 23	b
7 Tu	☽△☉	*0am*34	G
	☽△♃	5 21	G
	☽∠♇	5 27	b
	☽⚹♅	6 23	G
	☽P♇	10 6	D
	☽⚼♀	*10p* 56	b
	☽△☿	11 11	G
8 W	☽⊻♇	*10a* 16	g
	☽□♄	10 37	B
	☽∠♅	11 18	b
	☽□♆	*1 pm* 5	B
	☽P♅	9 40	B
9 Th	☽P♂	*2am*34	B
	☽△♀	7 38	G
	☉P☿	9 34	
	☽□☉	*4pm* 3	B
	☽□♃	4 52	B
	☽⊻♅	5 2	g
	☽☍♂	8 53	B
10 F	♃⚹♅	*3am*47	
	☉⚹♅	4 5	
	☉☌♃	4 9	
	☽□☿	5 38	B
	☿P♃	6 50	
	♄△♇	9 0	
	♂Q♄	*4pm*36	
	☽△♄	10 1	G
	☽☌♇	10 8	D
	☽P♂	10 10	B
11 S	☽⚹♆	*1 am* 9	G
	☽P♅	5 37	B
12 Su	☽□♀	*3 am* 5	B
	☽⚼♄	4 13	b
	☽☌♅	5 48	B
	☽⚹♃	6 36	G
	☽∠♆	7 38	b
	☿□♂	8 52	
	☽⚹☉	10 17	G
	☽⚹☿	*0pm*14	G
	♀⚼♄	1 15	
	☽P♇	6 59	D
	☉☌☿	9 3	
13 M	♀□♅	*5am*36	
	☽⊻♇	10 52	g
	☽∠♃	*1pm*29	b
	☽⊻♆	2 0	g
	☽∠☿	3 20	b
	♀⊻♃	7 20	
	☽∠☉	7 21	b
	☽P♄	7 25	B
	☽⚼♂	8 44	b
	♀∠♆	11 38	
14 Th	☽P♆	*0am*41	D
	☿⊻♀	1 17	

Day	Aspect	Time	
14	☿☌♃	*5am*7	
	☽P☿	10 35	G
	☽∠♇	*4pm*53	b
	☽⊻♅	6 13	g
	☽⊻☿	6 16	g
	☿⚹♅	6 40	
	☽⊻♃	7 59	g
	☽⚹♀	10 17	G
	☽P♃	10 55	G
15 W	☽⊻☉	*3am*55	g
	☽△♂	4 11	G
	☽P☉	4 34	G
	☽P♀	7 16	G
	☉□♂	11 35	
	☽☍♄	*9pm*28	B
	☽⚹♇	10 25	G
	☽∠♅	11 47	b
16 Th	☽☌♆	*1am*34	D
	☽∠♀	6 57	b
	☿⊥♀	11 6	
	☉P♀	*4pm*25	
	☽☌☿	11 39	G
17 F	☽⚹♅	*4am*47	G
	☽☌♃	7 24	G
	☽⊻♀	*2pm*53	g
	☽□♂	5 15	B
	☽☌☉	7 3	D
18 S	☿Q♇	*2 am* 7	
	☽□♇	7 49	B
	☽⊻♆	10 58	g
19 Su	☽⊻☿	*4am*37	g
	☽⚼♄	10 18	b
	☽□♅	*1pm*10	B
	♀⚹♂	1 55	
	☽∠♆	2 52	b
	☽⊻♃	4 32	g
	☽P☉	4 41	G
	♀⊥♃	5 20	
	☽P♀	10 22	G
	☽P♃	10 35	G
20 M	♀P♃	*1am*23	
	☽⚹♂	3 53	G
	☽☌♀	4 35	G
	☽∠☿	7 3	b
	☽⊻☉	7 27	G
	☽△♄	*1pm*35	G
	☽△♇	3 9	G
	☽⚹♆	6 17	G
	☽P☿	7 6	G
	☽P♆	7 12	D
	☽∠♃	8 20	b
21 Tu	☿P♆	*0 am* 2	
	☽P♄	0 37	B
	☽∠♂	8 23	b
	☽⚹☿	9 28	G
	☿∠♀	11 36	
	☽∠☉	*0pm*47	b
	☽⚼♇	6 8	b
	☽△♅	7 37	G
	☽P♇	9 37	D
	☽⚹♃	11 41	G
22 W	☉Q♅	*8am*53	
	☽⊻♂	*0pm*23	g
	☽⊻♀	3 49	g
	☽⚹☉	5 33	G
	☽□♄	6 53	B

Day	Aspect	Time	
22	☿stat.	*9pm*18	
	☽⚼♅	10 12	b
	☽□♆	11 51	B
23 Th	☽P♅	*5am*29	B
	☿P♆	6 38	
	☉∇♄	10 23	
	☽□☿	*2pm*10	B
	☽∠♀	8 37	b
	♀△♄	11 58	
24 F	☽P♂	*2am*30	B
	☽□♃	5 3	B
	☽P♂	9 49	B
	☉□♇	11 50	
	☽☌♂	*7pm* 0	B
	♀△♇	9 40	
	☽⚹♄	10 35	G
25 S	☽☍♇	*0am*36	B
	☽⚹♀	0 53	G
	☽□☉	1 35	B
	☽△♆	3 46	G
	☽P♅	6 58	B
	☽△☿	*6pm*32	G
	☽∠♄	11 54	b
26 Su	☽☍♅	*3am*34	B
	☽⚼♆	5 11	b
	☉⊻♆	8 38	
	☽△♃	8 51	G
	♀⚹♆	10 32	
	☽P♇	*1pm*41	D
	☉⊻♀	7 6	
	☽⚼☿	8 37	b
27 M	☽⊻♂	*0 am* 1	g
	☽⊻♄	0 56	g
	☽△☉	7 56	G
	☽□♀	8 9	B
	☽P♄	8 58	B
	☽⚼♃	10 19	b
	☽P♆	*2pm*29	D
	☽P☿	5 24	G
	♂⚹♄	6 49	
	☽P♀	8 58	G
28 Tu	☽∠♂	*2 am* 9	b
	☽⚼♇	4 6	b
	☿Q♇	8 1	
	☽P♃	10 11	G
	☽⚼☉	10 46	b
	☽P☉	*1pm*48	G
	♀∠♃	2 27	
	☉±♄	11 42	
29 W	☽☌♄	*2am*38	B
	☿P♀	2 42	
	☽⚹♂	4 15	G
	☽△♇	5 2	G
	☽⚼♅	6 42	b
	☽☍♆	8 20	B
	☽△♀	*2pm*43	G
	♂☍♇	10 11	
30 Th	☽☍☿	*3am*25	B
	☽△♅	7 49	G
	☽☍♃	*2pm*32	G
	☽⚼♀	6 18	b
31 F	☽⊻♄	*4am*50	g
	☽□♇	7 32	B
	☽□♂	9 8	B
	♀P♆	*2pm*17	
	☽☍☉	8 19	B

EPHEMERIS TIME

Since this Ephemeris is now calculated in E.T. it will be necessary to convert G.M.T. to E.T. before finding the positions from the tables.

The approximate value of △T in 1971 is +39 seconds. Therefore to convert G.M.T. to E.T. add 39 seconds.

Note that one hour must be subtracted from B.S.T. to give G.M.T.

DISTANCES APART OF ALL ☌'s AND ☍'s IN 1971

NOTE. The Distances Apart are in Declination. ♇ =Pluto.

JANUARY

3	☽ ☍ ♇	5am58	17 28
4	☽ ☍ ♅	5 26	4 11
5	♀ ☌ ♃	4 52	2 54
6	☽ ☌ ♄	1pm49	7 8
6	☽ ☍ ♂	8 51	5 43
7	☽ ☍ ♃	0 59	5 54
7	☽ ☍ ♀	4 11	8 49
7	☽ ☍ ♆	7 8	6 37
9	♀ ☌ ♆	0 16	2 11
9	☽ ☍ ☿	6 25	7 6
11	☽ ☍ ☉	1 21	2 49
17	☽ ☌ ♇	7am 9	17 39
18	☽ ☌ ♅	11 21	4 21
21	☽ ☍ ♄	2 29	7 9
22	☽ ☌ ♂	4 13	5 43
22	☽ ☌ ♃	7 39	5 59
22	☽ ☌ ♆	9 59	6 42
23	☽ ☌ ♀	10 1	8 21
25	☽ ☌ ☿	5 34	3 53
26	♂ ☌ ♃	1 20	0 18
26	☽ ☌ ☉	10pm56	1 31
27	♂ ☌ ♆	8am 0	1 3
30	☽ ☍ ♇	0pm46	17 46
31	☽ ☍ ♅	11am54	4 23

FEBRUARY

1	♃ ☌ ♆	7am20	0 44
2	☽ ☌ ♄	7pm32	7 7
4	☽ ☍ ♆	1am43	6 45
4	☽ ☍ ♃	2 19	6 1
4	☽ ☍ ♂	10 43	5 33
6	☽ ☍ ♀	5 23	7 3
8	☽ ☍ ☿	4pm32	0 39
10	☽ ☍ ☉	7am43	0 14
13	☽ ☌ ♇	1pm16	17 50
14	☽ ☌ ♅	5 40	4 23
17	☽ ☍ ♄	0 2	7 5
18	☽ ☌ ♆	7 26	6 46
18	☽ ☌ ♃	10 54	6 1
19	☽ ☌ ♂	10 5	5 7
22	☽ ☌ ♀	4am39	4 45
24	☽ ☌ ☿	7pm54	9 6
25	☽ ☌ ●	9am49	1 4
26	☽ ☍ ♇	9pm47	17 53
27	☽ ☍ ♅	8 1	4 22

MARCH

2	☽ ☌ ♄	5am12	7 1
3	☽ ☍ ♆	8 29	6 45
3	☽ ☍ ♃	1pm24	6 1
5	☽ ☍ ♂	1am23	4 34
6	☉ ☌ ☿	7pm 2	1 34
8	☽ ☍ ♀	5am30	2 23
12	☽ ☍ ☉	2 34	2 13
12	☽ ☍ ☿	2pm46	3 36
12	☽ ☌ ♇	6 11	17 52
13	☿ ☍ ♇	10am59	14 16
13	☽ ☌ ♅	10pm 4	4 17
16	☽ ☍ ♄	10 26	6 56
18	☽ ☌ ♆	2am13	6 41
18	☽ ☌ ♃	8 40	5 57
19	☉ ☍ ♇	3pm17	15 7
20	☿ ☍ ♅	10am10	0 57
20	☽ ☌ ♂	1pm31	3 40
24	☽ ● ♀	0am25	0 16
26	☽ ☍ ♇	7 54	17 52
26	☽ ☌ ☉	7pm24	3 13

MARCH—*continued*

27	☽ ☍ ♅	5am19	4 15
28	☽ ☌ ☿	1 54	2 30
29	☽ ☌ ♄	6pm54	6 52
30	☽ ☍ ♆	4 43	6 38
30	☽ ☍ ♃	10 40	5 54

APRIL

1	☉ ☍ ♅	10pm10	0 40
2	☽ ☍ ♂	4 36	2 46
7	☽ ☍ ♀	11am53	2 24
8	☽ ☌ ♇	10pm53	17 52
10	☽ ☌ ♅	1am52	4 12
10	☽ ☍ ☉	8pm10	4 0
11	☽ ☍ ☿	10 24	1 38
13	☽ ☍ ♄	9am55	6 45
14	☽ ☌ ♆	7 10	6 32
14	☽ ☌ ♃	0pm59	5 50
18	☽ ☌ ♂	1am39	1 32
19	☉ ☌ ☿	11pm34	1 35
21	♀ ☍ ♇	2 25	13 43
22	☽ ☍ ♇	5 8	17 52
22	☽ ☌ ♀	7 31	4 14
23	☽ ☍ ♅	2 10	4 12
24	☽ ☌ ☿	2 52	3 52
25	☽ ☌ ☉	4am 3	4 33
26	☽ ☌ ♄	10 47	6 43
27	☽ ☍ ♆	2 0	6 30
27	☽ ☍ ♃	5 48	5 47

MAY

1	☽ ☍ ♂	7am 0	0 25
2	♀ ☍ ♅	5 14	0 53
6	☽ ☌ ♇	4 25	17 49
7	☽ ☌ ♅	6 28	4 13
7	☽ ☍ ♀	8pm27	5 29
8	☽ ☍ ☿	10am27	6 43
10	☽ ☍ ☉	11 23	4 48
10	☽ ☍ ♄	10pm46	6 39
11	☽ ☌ ♆	11am59	6 27
11	☽ ☌ ♃	1pm57	5 45
16	☽ ● ♂	9am21	0 57
17	☉ ☌ ♄	11 51	1 50
20	☽ ☍ ♇	0 19	17 49
20	☽ ☍ ♅	9pm19	4 16
22	♃ ☌ ♆	4am48	0 42
22	☽ ☌ ♀	2pm37	6 9
22	☽ ☌ ☿	4 16	7 41
23	☉ ☍ ♃	9am 0	0 59
23	☉ ☍ ♆	11 50	1 41
24	☽ ☌ ♄	2 41	6 39
24	☽ ☍ ♃	10 28	5 45
24	☽ ☍ ♆	10 50	6 27
24	☽ ☌ ☉	0pm33	4 45
29	☽ ☍ ♂	5 36	2 11

JUNE

2	☽ ☌ ♇	11am20	17 50
3	☽ ☌ ♅	0pm42	4 21
6	☿ ☌ ♄	11am10	0 22
7	☿ ☍ ♃	3 35	0 24
7	☽ ☍ ♀	3 39	6 6
7	☽ ☍ ♄	0pm53	6 40
7	☽ ☌ ♃	2 54	5 46
7	☽ ☍ ☿	4 58	7 4
7	☽ ☌ ♆	5 55	6 28
7	☿ ☍ ♆	11 20	0 28

JUNE—*continued*

9	☽ ☍ ☉	0am 4	4 19
11	♀ ☌ ♄	1pm50	0 43
11	♀ ☍ ♃	3 52	0 11
12	♃ ☍ ♄	1am21	0 54
13	♀ ☍ ♆	5 55	0 37
13	☽ ☌ ♂	10 22	3 32
16	☽ ☍ ♇	6 1	17 50
17	☽ ☍ ♅	3 2	4 26
20	☽ ☍ ♃	1pm32	5 47
20	☽ ☌ ♄	4 50	6 42
20	☽ ☍ ♆	6 5	6 30
21	☉ ☌ ☿	9am33	1 4
21	☽ ☌ ♀	11 35	5 21
22	☽ ☌ ☉	9pm59	3 36
23	☽ ☌ ☿	1am57	2 9
25	♄ ☍ ♆	11pm42	0 11
26	☽ ☍ ♂	6 47	4 42
29	☽ ☌ ♇	7 32	17 50
30	☽ ☌ ♅	8 38	4 31

JULY

4	☽ ☌ ♃	6pm40	5 48
5	☽ ☌ ♆	1am16	6 34
5	☽ ☍ ♄	3 33	6 43
7	☽ ☍ ♀	7 57	3 47
8	☽ ☍ ☉	10 37	2 31
9	☽ ☍ ☿	10pm 9	0 50
11	☽ ☌ ♂	0am43	5 48
13	☽ ☍ ♇	0pm 3	17 49
14	☽ ☍ ♅	8am56	4 35
17	☽ ☍ ♃	5pm 1	5 49
17	☽ ☍ ♆	11 37	6 36
18	☽ ☌ ♄	4am27	6 46
19	☿ ☍ ♂	7pm43	4 14
21	☽ ☌ ♀	0 39	1 55
22	☽ ☌ ●	9am17	1 23
24	☽ ☍ ♂	3 21	6 31
24	☽ ● ☿	4pm39	0 53
27	☽ ☌ ♇	4am23	17 47
28	☽ ☌ ♅	5 44	4 37

AUGUST

1	☽ ☌ ♃	2am26	5 46
1	☽ ☌ ♆	9 29	6 36
1	☽ ☍ ♄	5pm26	6 47
6	☽ ☍ ♀	9am12	0 17
6	☽ ☍ ☉	7pm42	0 4
7	☽ ☌ ♂	2am36	6 46
8	☽ ☍ ☿	2pm34	0 50
9	☽ ☍ ♇	8 11	17 45
10	☉ ☍ ♂	6am53	6 30
10	☽ ☍ ♅	4pm56	4 39
13	♀ ☍ ♂	11am49	5 25
13	☽ ☍ ♃	11pm19	5 43
14	☽ ☍ ♆	4am44	6 36
14	☽ ☌ ♄	1pm42	6 49
19	☽ ☍ ♂	10 0	6 26
20	☽ ☌ ♀	6 48	2 7
20	☽ ☌ ●	10 55	1 5
21	☽ ☌ ☿	6 6	2 29
23	☽ ☌ ♇	1 15	17 42
24	☽ ☌ ♅	3 20	4 39
26	☉ ☌ ☿	3 2	3 57
26	☿ ☌ ♀	6 38	5 12
27	☉ ☌ ♀	7 1	1 17
28	☽ ☌ ♃	1 45	5 36
28	☽ ☌ ♆	5 40	6 33
29	☽ ☍ ♄	4am52	6 47

SEPTEMBER

3	☽ ☌ ♂	3am35	4 39
4	☽ ☍ ☿	4 42	0 44
5	☽ ☍ ☉	4 3	2 14
5	☽ ☍ ♀	8 1	3 43
6	☽ ☍ ♇	7 0	17 41
7	☽ ☍ ♅	3 54	4 39
10	☽ ☍ ♃	10 10	5 31
10	☽ ☍ ♆	11 20	6 29
10	☽ ☌ ♄	9pm33	6 46
15	☽ ☍ ♂	11 15	4 53
16	♃ ☌ ♆	5am31	1 0
17	♀ ☌ ♇	7 27	13 5
18	☽ ☌ ☿	3 30	3 19
19	☽ ☌ ☉	2pm43	3 10
19	☽ ☌ ♇	9 37	17 41
20	☽ ☌ ♀	4am42	4 42
21	☽ ☌ ♅	0 55	4 39
23	☉ ☌ ♇	5 42	14 19
25	☽ ☌ ♆	1 19	6 23
25	☽ ☌ ♃	3 36	5 19
25	☽ ☍ ♄	0pm32	6 42
28	♀ ☌ ♅	2 16	0 27
30	☿ ☌ ♇	6am51	12 44
30	☽ ☌ ♂	6pm12	4 10

OCTOBER

3	☽ ☍ ♇	7pm35	17 44
4	☽ ☍ ☿	6am42	5 10
4	☽ ☍ ☉	0pm20	3 57
4	☽ ☍ ♅	5 14	4 41
5	☽ ☍ ♀	5am35	5 16
7	☽ ☍ ♆	8pm46	6 17
7	☉ ☌ ♅	9 24	0 35
8	☽ ☍ ♃	1am47	5 10
8	☽ ☌ ♄	5 13	6 40
8	☿ ☌ ♅	5 18	0 29
8	☉ ☌ ☿	2pm47	1 2
13	☽ ☍ ♂	6 31	3 47
17	♃ ☍ ♄	3am 7	1 35
17	☽ ☌ ♇	5 41	17 49
18	☽ ☌ ♅	10 26	4 42
19	☽ ☌ ☉	7 59	4 29
20	☽ ☌ ☿	0 59	4 33
20	☽ ☌ ♀	3pm18	5 8
22	☽ ☌ ♆	8am38	6 10
22	☽ ☍ ♄	4pm28	6 35
22	☽ ☌ ♃	7 14	4 56
28	☽ ☌ ♂	9 29	3 36
31	☽ ☍ ♇	7am53	17 59

NOVEMBER

1	☽ ☍ ♅	7am 3	4 47
2	☽ ☍ ☉	9pm20	4 44
4	☽ ☍ ☿	0am 6	2 59
4	☽ ☍ ♀	3 44	4 25
4	☽ ☍ ♆	8 43	6 7
4	☽ ☌ ♄	1pm 5	6 35
4	☽ ☍ ♃	9 6	4 46
6	♀ ☌ ♆	4pm52	1 52
7	☿ ☌ ♆	6 32	3 34
8	♀ ☍ ♄	1 32	2 30
9	☿ ☍ ♄	8am 0	4 14
11	☽ ☍ ♂	3 40	3 36
13	☽ ☌ ♇	1pm45	18 9
14	♀ ☌ ♃	9am21	1 5
14	☿ ☌ ♃	4pm21	2 54
14	☽ ☌ ♅	8 3	4 52
18	☽ ☌ ☉	1am46	4 38
18	☽ ☌ ♆	4pm29	6 2
18	☽ ☍ ♄	6 35	6 34

DISTANCES APART OF ALL ☌'s AND ☍'s IN 1971

NOTE. The Distances Apart are in Declination. ♇ = Pluto.

NOV.—*continued*				DECEMBER				DEC.—*continued*				DEC.—*continued*			
19	☽☌♃	0pm30	4 32	1	☽☌♄	8pm33	6 35	12	☽☌♅	5am48	5 5	24	☽☌♂	7pm 0	4 8
19	☽☌☿	11 29	1 16	1	☽☍♆	9 20	6 2	12	☉☌☿	9pm 3	1 42	25	☽☍♇	0am36	18 49
19	☽☌♀	11 49	2 56	2	☽☍☉	7am50	4 14	14	☿☌♃	5am 7	1 39	26	☽☍♅	3 34	5 11
25	☉☌♆	5 45	1 34	2	☽☍♃	6pm 8	4 22	15	☽☍♄	9pm28	6 36	29	☽☌♄	2 38	6 38
25	☉☍♄	11 7	2 7	3	☽☍☿	2 54	2 0	16	☽☌♆	1am34	6 3	29	☽☍♆	8 20	6 5
26	☽☌♂	7am 4	3 44	4	☽☍♀	4am37	1 13	16	☽☌☿	11pm39	6 36	29	♂☍♇	10pm11	14 41
27	☽☍♇	5pm47	18 23	9	☽☍♂	8pm53	3 55	17	☽☌♃	7am24	4 10	30	☽☍☿	3am25	6 12
27	♄☍♆	6 51	0 32	10	☉☌♃	4am 9	0 25	17	☽☌☉	7pm 3	3 21	30	☽☍♃	2pm32	3 59
28	☽☍♅	6 58	4 59	10	☽☌♇	10pm 8	18 37	20	☽☌♀	4am35	0 51	31	☽☍☉	8 19	2 16

TIME WHEN THE SUN AND MOON ENTER THE ZODIACAL SIGNS IN 1971.

JANUARY			FEBRUARY			MARCH			APRIL			MAY			JUNE		
1	☽♓	4am 9	1	☽♉	3pm50	3	☽♊	3am 3	1	☽♋	4pm53	1	☽♌	9am36	2	☽♎	5pm27
3	☽♈	6 28	3	☽♊	8 36	5	☽♋	9 49	4	☽♌	2am 7	3	☽♍	9pm 4	5	☽♏	5am36
5	☽♉	10 1	6	☽♋	4am 8	7	☽♌	7pm57	6	☽♍	2pm17	6	☽♎	10am 0	7	☽♐	3pm28
7	☽♊	3pm 9	8	☽♌	2pm 7	10	☽♍	8am11	9	☽♎	3am17	8	☽♏	10pm 4	9	☽♑	10 45
9	☽♋	10 10	11	☽♍	1am59	12	☽♎	9pm 6	11	☽♏	3pm28	11	☽♐	8am 8	12	☽♒	4am 3
12	☽♌	7am25	13	☽♎	2pm51	15	☽♏	9am31	14	☽♐	2am 3	13	☽♑	4pm 9	14	☽♓	8 2
14	☽♍	6pm59	16	☽♏	3am22	17	☽♐	8pm23	16	☽♑	10 38	15	☽♒	10 20	16	☽♈	11 6
17	☽♎	7am53	18	☽♐	1pm45	20	☽♑	4am37	18	☽♒	4pm45	18	☽♓	2am39	18	☽♉	1pm39
19	☽♏	8pm 4	19	☉♓	7am28	21	☉♈	6 38	20	☉♉	5 54	20	☽♈	5 11	20	☽♊	4 25
20	☉♒	5 14	20	☽♑	8pm36	22	☽♒	9 28	20	☽♓	8 7	21	☉♊	5pm16	22	☉♋	1am21
22	☽♐	5am15	22	☽♒	11 43	24	☽♓	11 8	22	☽♈	9 9	22	☽♉	6am32	22	☽♋	8pm32
24	☽♑	10 33	25	☽♓	0am 6	26	☽♈	10 46	24	☽♉	9 7	24	☽♊	8 2	25	☽♌	3am14
26	☽♒	0pm36	26	☽♈	11pm30	28	☽♉	10 17	26	☽♊	10 0	26	☽♋	11 27	27	☽♍	1pm 7
28	☽♓	1 2	28	☽♉	11 55	30	☽♊	11 44	29	☽♋	1am45	28	☽♌	6pm18	30	☽♎	1am23
30	☽♈	1 37										31	☽♍	4am49			

JULY			AUGUST			SEPTEMBER			OCTOBER			NOVEMBER			DECEMBER		
2	☽♏	1pm46	1	☽♐	8am49	2	☽♒	7am 3	1	☽♓	7pm36	2	☽♉	5am56	1	☽♊	4pm26
4	☽♐	11 59	3	☽♑	4pm31	4	☽♓	8 51	3	☽♈	7 41	4	☽♊	5 29	3	☽♋	5 53
7	☽♑	7am 3	5	☽♒	8 46	6	☽♈	8 44	5	☽♉	6 43	6	☽♋	7 17	5	☽♌	10 18
9	☽♒	11 27	7	☽♓	10 35	8	☽♉	8 39	7	☽♊	6 55	8	☽♌	0pm58	8	☽♍	6am42
11	☽♓	2pm15	9	☽♈	11 27	10	☽♊	10 26	9	☽♋	10 12	10	☽♍	10 45	10	☽♎	6pm20
13	☽♈	4 33	12	☽♉	0am56	12	☽♋	3pm22	12	☽♌	5am32	13	☽♎	11am 6	13	☽♏	7am 2
15	☽♉	7 11	14	☽♊	4 12	14	☽♌	11 38	14	☽♍	4pm17	15	☽♏	11pm50	15	☽♐	6pm37
17	☽♊	10 48	16	☽♋	9 51	17	☽♍	10am30	17	☽♎	4am48	18	☽♐	11am30	18	☽♑	4am 7
20	☽♋	3am58	18	☽♌	5pm59	19	☽♎	10pm48	19	☽♏	5pm31	20	☽♑	9pm37	20	☽♒	11 33
22	☽♌	11 17	21	☽♍	4am20	22	☽♏	11am33	22	☽♐	5am32	22	☉♐	11 15	22	☉♑	0pm26
23	☉♌	0pm15	23	☽♎	4pm25	23	☉♎	4pm47	24	☉♏	1 53	23	☽♒	5am52	22	☽♓	5 10
24	☽♍	9 10	23	☉♍	7 16	24	☽♐	11 44	24	☽♑	4pm 5	25	☽♓	11 48	24	☽♈	9 9
27	☽♎	9am12	26	☽♏	5am 9	27	☽♑	9am53	27	☽♒	0am12	27	☽♈	3pm 4	26	☽♉	11 46
29	☽♏	9pm50	28	☽♐	4pm56	29	☽♒	4pm38	29	☽♓	4 56	29	☽♉	4 8	29	☽♊	1am39
			31	☽♑	1am54				31	☽♈	6 26				31	☽♋	4 3

THE POSITION OF PLUTO ♇ IN 1971.

Date	Long.	Lat.	Dec.	Date	Long.	Lat.	Dec.	Date	Long.	Lat.	Dec.
	° ′	° ′	° ′		° ′	° ′	° ′		° ′	° ′	° ′
Jan. 1	29♍42	16N 3	14N 49	May 11	27♍10	16N 21	16N 6	Sept. 18	29♍22	15N 38	14N 34
11	29 ℞40	16 9	14 54	21	27 ℞ 3	16 17	16 5	28	29 45	15 38	14 25
21	29 36	16 14	15 1	31	26 59	16 13	16 2	Oct. 8	0♎ 7	15 39	14 17
31	29 28	16 19	15 9	June 10	26D 59	16 8	15 58	18	0 29	15 41	14 11
Feb. 10	29 17	16 23	15 17	20	27 1	16 4	15 53	28	0 49	15 44	14 5
20	29 4	16 26	15 25	30	27 7	15 59	15 46	Nov. 7	1 8	15 48	14 1
Mar. 2	28 50	16 29	15 33	July 10	27 16	15 55	15 39	17	1 24	15 52	13 58
12	28 34	16 30	15 41	20	27 28	15 51	15 31	27	1 38	15 57	13 57
22	28 18	16 31	15 48	30	27 42	15 47	15 22	Dec. 7	1 50	16 2	13 58
Apr. 1	28 1	16 31	15 54	Aug. 9	27 59	15 44	15 12	17	1 57	16 7	14 0
11	27 46	16 30	15 59	19	28 18	15 41	15 2	27	2 2	16 13	14 3
21	27 32	16 28	16 3	29	28 38	15 39	14 52	Jan. 1	2♎ 3	16N 16	14N 5
May 1	27♍20	16N 25	16N 5	Sept. 8	29♍ 0	15N 38	14N 43				

LOCAL MEAN TIME OF SUNRISE FOR LATITUDES
60° North to 50° South

FOR ALL SUNDAYS IN 1971. (ALL TIMES ARE A.M.)

Date	NORTHERN LATITUDES									SOUTHERN LATITUDES				
	LONDON	60°	55°	50°	40°	30°	20°	10°	0°	10°	20°	30°	40°	50°
1970	H M	H M	H M	H M	H M	H M	H M	H M	H M	H M	H M	H M	H M	H M
Dec. 27	8 5	9 4	8 25	7 58	7 21	6 54	6 33	6 14	5 57	5 40	5 21	4 58	4 31	3 50
1971														
Jan. 3	8 6	9 2	8 25	7 59	7 22	6 56	6 36	6 18	6 0	5 43	5 25	5 3	4 36	3 57
,, 10	8 3	8 56	8 22	7 56	7 22	6 57	6 37	6 20	6 3	5 47	5 29	5 9	4 43	4 6
,, 17	7 58	8 46	8 14	7 52	7 20	6 56	6 38	6 22	6 6	5 51	5 34	5 15	4 50	4 15
,, 24	7 50	8 33	8 4	7 45	7 15	6 54	6 37	6 23	6 8	5 54	5 39	5 21	4 58	4 26
,, 31	7 40	8 17	7 53	7 36	7 10	6 51	6 35	6 23	6 10	5 57	5 43	5 27	5 7	4 38
Feb. 7	7 29	8 1	7 41	7 25	7 3	6 47	6 33	6 22	6 11	5 59	5 47	5 33	5 16	4 51
,, 14	7 16	7 42	7 27	7 13	6 55	6 41	6 30	6 21	6 11	6 1	5 51	5 39	5 24	5 4
,, 21	7 2	7 23	7 11	7 1	6 46	6 35	6 26	6 18	6 10	6 2	5 54	5 44	5 32	5 16
,, 28	6 49	7 3	6 55	6 47	6 36	6 28	6 21	6 15	6 9	6 3	5 57	5 50	5 40	5 28
Mar. 7	6 34	6 43	6 38	6 32	6 25	6 20	6 16	6 12	6 8	6 4	5 59	5 55	5 48	5 40
,, 14	6 18	6 22	6 20	6 17	6 14	6 12	6 10	6 8	6 6	6 4	6 2	5 59	5 56	5 51
,, 21	6 2	6 1	6 2	6 2	6 3	6 4	6 4	6 4	6 4	6 4	6 4	6 4	6 3	6 2
,, 28	5 46	5 40	5 44	5 47	5 52	5 56	5 58	6 0	6 2	6 4	6 5	6 8	6 10	6 13
Apr. 4	5 31	5 19	5 26	5 32	5 41	5 47	5 52	5 56	6 0	6 4	6 7	6 12	6 17	6 24
,, 11	5 15	4 58	5 8	5 17	5 30	5 39	5 46	5 52	5 58	6 4	6 9	6 16	6 24	6 35
,, 18	5 0	4 37	4 51	5 3	5 19	5 31	5 40	5 48	5 56	6 4	6 11	6 21	6 31	6 46
,, 25	4 46	4 17	4 35	4 49	5 9	5 24	5 35	5 45	5 55	6 4	6 13	6 25	6 38	6 56
,, 2	4 32	3 57	4 20	4 36	5 0	5 17	5 31	5 43	5 54	6 4	6 16	6 29	6 45	7 7
,, 9	4 19	3 39	4 5	4 24	4 52	5 11	5 27	5 41	5 53	6 5	6 18	6 34	6 52	7 17
,, 16	4 8	3 21	3 52	4 14	4 45	5 7	5 24	5 39	5 53	6 7	6 21	6 38	6 59	7 27
,, 23	3 58	3 6	3 40	4 5	4 39	5 3	5 22	5 38	5 53	6 8	6 24	6 42	7 5	7 36
,, 30	3 51	2 53	3 31	3 58	4 34	5 0	5 20	5 38	5 54	6 10	6 26	6 46	7 10	7 44
June 6	3 46	2 43	3 25	3 53	4 31	4 58	5 20	5 38	5 55	6 12	6 29	6 50	7 15	7 51
,, 13	3 43	2 37	3 21	3 50	4 30	4 58	5 20	5 39	5 56	6 13	6 32	6 53	7 19	7 56
,, 20	3 42	2 36	3 20	3 50	4 31	4 59	5 21	5 40	5 57	6 15	6 34	6 55	7 22	7 59
,, 27	3 44	2 38	3 22	3 52	4 33	5 1	5 23	5 42	5 59	6 17	6 35	6 56	7 23	8 0
July 4	3 49	2 45	3 27	3 56	4 36	5 3	5 25	5 43	6 1	6 18	6 36	6 56	7 22	7 59
,, 11	3 55	2 55	3 35	4 2	4 40	5 6	5 27	5 45	6 2	6 18	6 36	6 55	7 20	7 55
,, 18	4 3	3 8	3 44	4 10	4 45	5 10	5 30	5 47	6 2	6 18	6 35	6 53	7 17	7 50
,, 25	4 12	3 23	3 55	4 19	4 51	5 14	5 32	5 48	6 3	6 17	6 33	6 50	7 12	7 42
Aug. 1	4 22	3 38	4 7	4 28	4 57	5 19	5 35	5 49	6 3	6 16	6 30	6 46	7 5	7 33
,, 8	4 33	3 55	4 20	4 38	5 4	5 23	5 37	5 50	6 2	6 14	6 26	6 41	6 58	7 22
,, 15	4 44	4 12	4 33	4 48	5 11	5 27	5 40	5 51	6 1	6 11	6 22	6 34	6 49	7 9
,, 22	4 55	4 29	4 46	4 59	5 17	5 31	5 42	5 51	6 0	6 8	6 17	6 27	6 39	6 56
,, 29	5 6	4 46	4 59	5 9	5 24	5 35	5 44	5 51	5 58	6 5	6 12	6 20	6 29	6 42
Sept. 5	5 18	5 2	5 12	5 20	5 31	5 39	5 45	5 51	5 56	6 1	6 6	6 12	6 18	6 28
,, 12	5 29	5 19	5 25	5 30	5 37	5 42	5 47	5 50	5 53	5 56	5 59	6 3	6 7	6 13
,, 19	5 40	5 36	5 38	5 40	5 44	5 46	5 48	5 49	5 51	5 52	5 53	5 54	5 56	5 57
,, 26	5 51	5 52	5 51	5 51	5 50	5 50	5 49	5 49	5 48	5 48	5 47	5 46	5 44	5 42
Oct. 3	6 3	6 8	6 4	6 2	5 57	5 54	5 51	5 49	5 46	5 43	5 41	5 37	5 32	5 27
,, 10	6 14	6 25	6 18	6 13	6 4	5 58	5 53	5 48	5 44	5 39	5 35	5 29	5 21	5 12
,, 17	6 26	6 42	6 32	6 24	6 12	6 3	5 55	5 48	5 42	5 36	5 29	5 21	5 11	4 57
,, 24	6 38	7 0	6 46	6 35	6 19	6 8	5 58	5 49	5 41	5 33	5 24	5 14	5 1	4 43
,, 31	6 50	7 18	7 0	6 46	6 27	6 13	6 1	5 50	5 40	5 31	5 20	5 7	4 52	4 30
Nov. 7	7 2	7 36	7 14	6 58	6 35	6 18	6 4	5 52	5 40	5 29	5 16	5 1	4 43	4 18
,, 14	7 15	7 54	7 28	7 10	6 43	6 24	6 8	5 54	5 41	5 28	5 14	4 57	4 36	4 7
,, 21	7 27	8 11	7 42	7 21	6 51	6 29	6 12	5 57	5 42	5 28	5 12	4 54	4 31	3 58
,, 28	7 38	8 27	7 55	7 32	6 59	6 35	6 16	6 0	5 44	5 28	5 11	4 52	4 27	3 52
Dec. 5	7 48	8 41	8 6	7 41	7 6	6 41	6 21	6 3	5 47	5 30	5 12	4 51	4 25	3 47
,, 12	7 55	8 53	8 15	7 48	7 12	6 46	6 25	6 7	5 50	5 33	5 14	4 52	4 25	3 45
,, 19	8 1	9 0	8 21	7 54	7 17	6 50	6 29	6 10	5 53	5 35	5 17	4 54	4 26	3 46
,, 26	8 5	9 4	8 25	7 58	7 20	6 54	6 32	6 14	5 57	5 39	5 20	4 58	4 30	3 50
1972														
Jan. 2	8 6	9 2	8 25	7 58	7 22	6 56	6 35	6 17	6 0	5 43	5 24	5 2	4 35	3 55

Example:—To find the time of Sunrise in Jamaica (Latitude 18° N.) on Saturday, June 26th, 1971. On June 20th, L.M.T. = 5h. 21m. + $\frac{2}{10}$ × 19m. = 5h. 25m., on June 27th, L.M.T. = 5h. 23m. + $\frac{2}{10}$ × 19m. = 5h. 27m., therefore L.M.T., on June 26th = 5h. 25m. + $\frac{6}{7}$ × 2m. = 5h. 27m. A.M.

LOCAL MEAN TIME OF SUNSET FOR LATITUDES

60° North to 50° South

FOR ALL SUNDAYS IN 1971. (ALL TIMES ARE P.M.)

Date	NORTHERN LATITUDES									SOUTHERN LATITUDES				
	LONDON	60°	55°	50°	40°	30°	20°	10°	0°	10°	20°	30°	40°	50°
1970	H M	H M	H M	H M	H M	H M	H M	H M	H M	H M	H M	H M	H M	H M
Dec. 27	3 57	2 58	3 36	4 4	4 41	5 8	5 29	5 47	6 4	6 22	6 41	7 3	7 31	8 11
1971														
Jan. 3	4 3	3 7	3 44	4 10	4 46	5 12	5 33	5 51	6 8	6 25	6 43	7 5	7 32	8 11
„ 10	4 11	3 20	3 54	4 19	4 53	5 18	5 37	5 55	6 11	6 27	6 45	7 6	7 31	8 9
„ 17	4 22	3 35	4 6	4 29	5 1	5 24	5 42	5 58	6 14	6 29	6 46	7 5	7 29	8 4
„ 24	4 34	3 52	4 19	4 40	5 9	5 30	5 47	6 1	6 15	6 30	6 45	7 3	7 25	7 57
„ 31	4 46	4 10	4 34	4 51	5 17	5 36	5 51	6 4	6 17	6 30	6 43	6 59	7 19	7 47
Feb. 7	4 59	4 28	4 49	5 3	5 25	5 42	5 55	6 7	6 18	6 29	6 41	6 55	7 12	7 36
„ 14	5 12	4 47	5 3	5 15	5 34	5 48	5 58	6 9	6 18	6 27	6 37	6 49	7 4	7 24
„ 21	5 25	5 5	5 18	5 27	5 42	5 53	6 2	6 10	6 17	6 24	6 33	6 43	6 54	7 11
„ 28	5 37	5 23	5 32	5 39	5 50	5 58	6 5	6 10	6 16	6 22	6 28	6 36	6 44	6 57
Mar. 7	5 49	5 41	5 46	5 51	5 57	6 3	6 7	6 11	6 15	6 19	6 22	6 28	6 33	6 42
„ 14	6 2	5 58	6 0	6 2	6 5	6 7	6 10	6 11	6 13	6 15	6 17	6 19	6 23	6 27
„ 21	6 14	6 15	6 14	6 14	6 12	6 12	6 11	6 11	6 11	6 11	6 11	6 11	6 12	6 12
„ 28	6 25	6 32	6 28	6 25	6 19	6 16	6 13	6 11	6 9	6 7	6 5	6 3	6 0	5 57
Apr. 4	6 37	6 49	6 41	6 35	6 27	6 20	6 15	6 10	6 6	6 3	5 59	5 54	5 49	5 42
„ 11	6 49	7 6	6 55	6 46	6 34	6 24	6 17	6 10	6 4	5 59	5 53	5 46	5 38	5 27
„ 18	7 1	7 24	7 9	6 57	6 41	6 29	6 19	6 11	6 3	5 55	5 47	5 38	5 27	5 12
„ 25	7 12	7 41	7 22	7 8	6 48	6 33	6 22	6 11	6 1	5 52	5 42	5 31	5 17	4 59
May 2	7 23	7 59	7 36	7 19	6 55	6 37	6 24	6 12	6 0	5 50	5 38	5 25	5 9	4 47
„ 9	7 35	8 16	7 49	7 30	7 2	6 42	6 26	6 13	6 0	5 48	5 34	5 20	5 1	4 35
„ 16	7 46	8 32	8 2	7 40	7 8	6 46	6 29	6 14	6 0	5 46	5 31	5 15	4 54	4 25
„ 23	7 56	8 48	8 14	7 49	7 15	6 51	6 32	6 16	6 0	5 45	5 29	5 11	4 48	4 17
„ 30	8 5	9 3	8 24	7 57	7 21	6 55	6 35	6 17	6 1	5 45	5 28	5 9	4 44	4 10
June 6	8 12	9 14	8 33	8 4	7 25	6 59	6 38	6 19	6 2	5 46	5 28	5 7	4 41	4 6
„ 13	8 17	9 23	8 39	8 9	7 29	7 1	6 40	6 21	6 3	5 46	5 28	5 7	4 41	4 4
„ 20	8 21	9 27	8 43	8 12	7 31	7 3	6 42	6 22	6 5	5 47	5 29	5 8	4 41	4 3
„ 27	8 22	9 27	8 43	8 13	7 33	7 5	6 43	6 24	6 7	5 49	5 31	5 10	4 43	4 6
July 4	8 19	9 23	8 41	8 12	7 32	7 5	6 43	6 25	6 8	5 51	5 33	5 12	4 46	4 10
„ 11	8 15	9 15	8 35	8 7	7 30	7 4	6 43	6 26	6 9	5 52	5 35	5 15	4 51	4 16
„ 18	8 9	9 3	8 27	8 1	7 26	7 1	6 42	6 25	6 10	5 54	5 38	5 19	4 56	4 23
„ 25	8 0	8 49	8 16	7 54	7 21	6 58	6 40	6 24	6 10	5 56	5 40	5 23	5 1	4 31
Aug. 1	7 49	8 32	8 4	7 44	7 15	6 54	6 37	6 23	6 10	5 57	5 42	5 27	5 8	4 40
„ 8	7 37	8 14	7 50	7 33	7 7	6 48	6 34	6 21	6 9	5 58	5 45	5 31	5 14	4 50
„ 15	7 24	7 55	7 35	7 20	6 58	6 42	6 29	6 18	6 8	5 58	5 47	5 35	5 20	5 0
„ 22	7 10	7 35	7 19	7 6	6 48	6 35	6 24	6 15	6 6	5 58	5 49	5 39	5 27	5 10
„ 29	6 54	7 15	7 2	6 52	6 37	6 27	6 19	6 11	6 4	5 58	5 51	5 43	5 33	5 21
Sept. 5	6 39	6 54	6 45	6 37	6 26	6 19	6 13	6 7	6 2	5 57	5 52	5 47	5 40	5 31
„ 12	6 23	6 33	6 27	6 22	6 15	6 10	6 6	6 3	6 0	5 57	5 54	5 50	5 47	5 41
„ 19	6 7	6 11	6 9	6 6	6 4	6 1	6 0	5 59	5 57	5 56	5 55	5 54	5 53	5 52
„ 26	5 51	5 50	5 51	5 51	5 52	5 53	5 53	5 54	5 55	5 56	5 57	5 58	6 0	6 2
Oct. 3	5 35	5 29	5 33	5 36	5 40	5 44	5 47	5 50	5 53	5 55	5 58	6 2	6 7	6 13
„ 10	5 19	5 8	5 15	5 21	5 29	5 36	5 41	5 46	5 51	5 55	6 1	6 6	6 14	6 24
„ 17	5 4	4 48	4 58	5 6	5 19	5 28	5 36	5 42	5 49	5 55	6 3	6 11	6 21	6 35
„ 24	4 50	4 28	4 42	4 53	5 9	5 21	5 31	5 39	5 48	5 56	6 5	6 16	6 29	6 47
„ 31	4 36	4 9	4 26	4 40	5 0	5 15	5 27	5 37	5 47	5 58	6 8	6 21	6 37	6 59
Nov. 7	4 24	3 51	4 12	4 28	4 52	5 9	5 23	5 36	5 47	5 59	6 12	6 26	6 45	7 11
„ 14	4 13	3 35	4 0	4 18	4 45	5 5	5 21	5 35	5 48	6 1	6 16	6 32	6 53	7 23
„ 21	4 4	3 20	3 49	4 10	4 40	5 2	5 19	5 35	5 49	6 4	6 20	6 38	7 1	7 34
„ 28	3 57	3 8	3 40	4 4	4 37	5 0	5 19	5 36	5 51	6 7	6 24	6 44	7 9	7 45
Dec. 5	3 53	2 59	3 34	4 0	4 35	5 0	5 20	5 37	5 54	6 11	6 29	6 50	7 16	7 54
„ 12	3 51	2 54	3 32	3 58	4 35	5 1	5 22	5 40	5 57	6 14	6 33	6 55	7 22	8 2
„ 19	3 52	2 53	3 32	3 59	4 37	5 3	5 25	5 43	6 1	6 18	6 37	6 59	7 27	8 8
„ 26	3 55	2 57	3 36	4 3	4 41	5 7	5 28	5 47	6 4	6 22	6 40	7 2	7 30	8 11
1972														
Jan. 2	4 2	3 5	3 43	4 9	4 46	5 12	5 32	5 50	6 7	6 25	6 43	7 5	7 32	8 12

Example:—To find the time of Sunset in Canberra (Latitude 35°.3S.) on Thursday, August 5th, 1971. On August 1st, L.M.T. = 5h. 27m.—$\frac{5\cdot3}{10}$ × 19m = 5h. 17m., on August 8th, L.M.T. = 5h. 31m. − $\frac{5\cdot3}{10}$ × 17m. = 5h. 22m., therefore L.M.T. on August 5th = 5h. 17m. + $\frac{4}{7}$ × 5m. = 5h. 20m. P.M.

TABLES OF HOUSES FOR LONDON, *Latitude* 51° 32′ *N.*

Sidereal Time. H.	M.	S.	10 ♈ °	11 ♉ °	12 ♊ °	Ascen ♋ °	′	2 ♌ °	3 ♍ °
0	0	0	0	9	22	26	36	12	3
0	3	40	1	10	23	27	17	13	3
0	7	20	2	11	24	27	56	14	4
0	11	0	3	12	25	28	42	15	5
0	14	41	4	13	25	29	17	15	6
0	18	21	5	14	26	29	55	16	7
0	22	2	6	15	27	0 ♌	34	17	8
0	25	42	7	16	28	1	14	18	8
0	29	23	8	17	29	1	55	18	9
0	33	4	9	18	♋	2	33	19	10
0	36	45	10	19	1	3	14	20	11
0	40	26	11	20	1	3	54	20	12
0	44	8	12	21	2	4	33	21	13
0	47	50	13	22	3	5	12	22	14
0	51	32	14	23	4	5	52	23	15
0	55	14	15	24	5	6	30	23	15
0	58	57	16	25	6	7	9	24	16
1	2	40	17	26	6	7	50	25	17
1	6	23	18	27	7	8	30	26	18
1	10	7	19	28	8	9	9	26	19
1	13	51	20	29	9	9	48	27	19
1	17	35	21	♊	10	10	28	28	20
1	21	20	22	1	10	11	8	28	21
1	25	6	23	2	11	11	48	29	22
1	28	52	24	3	12	12	28	♍	23
1	32	38	25	4	13	13	8	1	24
1	36	25	26	5	14	13	48	1	25
1	40	12	27	6	14	14	28	2	25
1	44	0	28	7	15	15	8	3	26
1	47	48	29	8	16	15	48	4	27
1	51	37	30	9	17	16	28	4	28

Sidereal Time. H.	M.	S.	10 ♉ °	11 ♊ °	12 ♋ °	Ascen ♌ °	′	2 ♍ °	3 ♍ °
1	51	37	0	9	17	16	28	4	28
1	55	27	1	10	18	17	8	5	29
1	59	17	2	11	19	17	48	6	♎
2	3	8	3	12	19	18	28	7	1
2	6	59	4	13	20	19	9	8	2
2	10	51	5	14	21	19	49	9	2
2	14	44	6	15	22	20	29	9	3
2	18	37	7	16	22	21	10	10	4
2	22	31	8	17	23	21	51	11	5
2	26	25	9	18	24	22	32	11	6
2	30	20	10	19	25	23	14	12	7
2	34	16	11	20	25	23	55	13	8
2	38	13	12	21	26	24	36	14	9
2	42	10	13	22	27	25	17	15	10
2	46	8	14	23	28	25	58	15	11
2	50	7	15	24	29	26	40	16	12
2	54	7	16	25	29	27	22	17	12
2	58	7	17	26	♌	28	4	18	13
3	2	8	18	27	1	28	46	18	14
3	6	9	19	27	2	29	28	19	15
3	10	12	20	28	3	0 ♍	12	20	16
3	14	15	21	29	3	0	54	21	17
3	18	19	22	♋	4	1	36	22	18
3	22	23	23	1	5	2	20	22	19
3	26	29	24	2	6	3	2	23	20
3	30	35	25	3	7	3	45	24	21
3	34	41	26	4	7	4	28	25	22
3	38	49	27	5	8	5	11	26	23
3	42	57	28	6	9	5	54	27	24
3	47	6	29	7	10	6	38	27	25
3	51	15	30	8	11	7	21	28	25

Sidereal Time. H.	M.	S.	10 ♊ °	11 ♋ °	12 ♌ °	Ascen ♍ °	′	2 ♍ °	3 ♎ °
3	51	15	0	8	11	7	21	28	25
3	55	25	1	9	12	8	5	29	26
3	59	36	2	10	12	8	49	♎	27
4	3	48	3	10	13	9	33	1	28
4	8	0	4	11	14	10	17	2	29
4	12	13	5	12	15	11	2	2	♏
4	16	26	6	13	16	11	46	3	1
4	20	40	7	14	17	12	30	4	2
4	24	55	8	15	17	13	15	5	3
4	29	10	9	16	18	14	0	6	4
4	33	26	10	17	19	14	45	7	5
4	37	42	11	18	20	15	30	8	6
4	41	59	12	19	21	16	15	8	7
4	46	16	13	20	21	17	0	9	8
4	50	34	14	21	22	17	45	10	9
4	54	52	15	22	23	18	30	11	10
4	59	10	16	23	24	19	16	12	11
5	3	29	17	24	25	20	3	13	12
5	7	49	18	25	26	20	49	14	13
5	12	9	19	25	27	21	35	14	14
5	16	29	20	26	28	22	20	15	14
5	20	49	21	27	28	23	6	16	15
5	25	9	22	28	29	23	51	17	16
5	29	30	23	29	♍	24	37	18	17
5	33	51	24	♌	1	25	23	19	18
5	38	12	25	1	2	26	9	20	19
5	42	34	26	2	3	26	55	21	20
5	46	55	27	3	4	27	41	21	21
5	51	17	28	4	4	28	27	22	22
5	55	38	29	5	5	29	13	23	23
6	0	0	30	6	6	30	0	24	24

Sidereal Time. H.	M.	S.	10 ♋ °	11 ♌ °	12 ♍ °	Ascen ♎ °	′	2 ♎ °	3 ♏ °
6	0	0	0	6	6	0	0	24	24
6	4	22	1	7	7	0	47	25	25
6	8	43	2	8	8	1	33	26	26
6	13	5	3	9	9	2	19	27	27
6	17	26	4	10	10	3	5	27	28
6	21	48	5	11	10	3	51	28	29
6	26	9	6	12	11	4	37	29	♐
6	30	30	7	13	12	5	23	♏	1
6	34	51	8	14	13	6	9	1	2
6	39	11	9	15	14	6	55	2	3
6	43	31	10	16	15	7	40	2	4
6	47	51	11	16	16	8	26	3	4
6	52	11	12	17	16	9	12	4	5
6	56	31	13	18	17	9	58	5	6
7	0	50	14	19	18	10	43	6	7
7	5	8	15	20	19	11	28	7	8
7	9	26	16	21	20	12	14	8	9
7	13	44	17	22	21	12	59	8	10
7	18	1	18	23	22	13	45	9	11
7	22	18	19	24	23	14	30	10	12
7	26	34	20	25	24	15	15	11	13
7	30	50	21	26	25	16	0	12	14
7	35	5	22	27	25	16	45	13	15
7	39	20	23	28	26	17	30	13	16
7	43	34	24	29	27	18	15	14	17
7	47	47	25	♍	28	18	59	15	18
7	52	0	26	1	29	19	43	16	19
7	56	12	27	2	29	20	27	17	20
8	0	24	28	3	♎	21	11	18	20
8	4	35	29	4	1	21	56	18	21
8	8	45	30	5	2	22	40	19	22

Sidereal Time. H.	M.	S.	10 ♌ °	11 ♍ °	12 ♎ °	Ascen ♎ °	′	2 ♏ °	3 ♐ °
8	8	45	0	5	2	22	40	19	22
8	12	54	1	5	3	23	24	20	23
8	17	3	2	6	3	24	7	21	24
8	21	11	3	7	4	24	50	22	25
8	25	19	4	8	5	25	34	23	26
8	29	26	5	9	6	26	18	23	27
8	33	31	6	10	7	27	1	24	28
8	37	37	7	11	8	27	44	25	29
8	41	41	8	12	8	28	26	26	♑
8	45	45	9	13	9	29	8	27	1
8	49	48	10	14	10	29	50	27	2
8	53	51	11	15	11	0 ♏	32	28	3
8	57	52	12	16	12	1	15	29	4
9	1	53	13	17	12	1	58	♐	4
9	5	53	14	18	13	2	39	1	5
9	9	53	15	18	14	3	21	1	6
9	13	52	16	19	15	4	3	2	7
9	17	50	17	20	16	4	44	3	8
9	21	47	18	21	16	5	26	3	9
9	25	44	19	22	17	6	7	4	10
9	29	40	20	23	18	6	48	5	11
9	33	35	21	24	18	7	29	5	12
9	37	29	22	25	19	8	9	6	13
9	41	23	23	26	20	8	50	7	14
9	45	16	24	27	21	9	31	8	15
9	49	9	25	28	22	10	11	9	16
9	53	1	26	28	23	10	51	9	17
9	56	52	27	29	23	11	32	10	18
10	0	43	28	♎	24	12	12	11	19
10	4	33	29	1	25	12	53	12	20
10	8	23	30	2	26	13	33	13	20

Sidereal Time. H.	M.	S.	10 ♍ °	11 ♎ °	12 ♎ °	Ascen ♏ °	′	2 ♐ °	3 ♑ °
10	8	23	0	2	26	13	33	13	20
10	12	12	1	3	26	14	13	14	21
10	16	0	2	4	27	14	53	15	22
10	19	48	3	5	28	15	33	15	23
10	23	35	4	5	29	16	13	16	24
10	27	22	5	6	29	16	52	17	25
10	31	8	6	7	♏	17	32	18	26
10	34	54	7	8	1	18	12	19	27
10	38	40	8	9	2	18	52	20	28
10	42	25	9	10	2	19	31	20	29
10	46	9	10	11	3	20	11	21	♒
10	49	53	11	11	4	20	50	22	1
10	53	37	12	12	4	21	30	23	2
10	57	20	13	13	5	22	9	24	3
11	1	3	14	14	6	22	49	24	4
11	4	46	15	15	7	23	28	25	5
11	8	28	16	16	7	24	8	26	6
11	12	10	17	17	8	24	47	27	8
11	15	52	18	17	9	25	27	28	9
11	19	34	19	18	10	26	6	29	10
11	23	15	20	19	10	26	45	♑	11
11	26	56	21	20	11	27	25	0	12
11	30	37	22	21	12	28	5	1	13
11	34	18	23	22	13	28	44	2	14
11	37	58	24	23	13	29	24	3	15
11	41	39	25	23	14	0 ♐	3	4	16
11	45	19	26	24	15	0	43	5	17
11	49	0	27	25	15	1	23	6	18
11	52	40	28	26	16	2	3	6	19
11	56	20	29	27	17	2	43	7	20
12	0	0	30	27	17	3	23	8	21

TABLES OF HOUSES FOR LONDON, Latitude 51° 32′ *N.*

Sidereal Time H.	M.	S.	10 ♎ °	11 ♎ °	12 ♏ °	Ascen ♐ °	′	2 ♑ °	3 ♒ °
12	0	0	0	27	17	3	23	8	21
12	3	40	1	28	18	4	4	9	23
12	7	20	2	29	19	4	45	10	24
12	11	0	3	♏	20	5	26	11	25
12	14	41	4	1	20	6	7	12	26
12	18	21	5	1	21	6	48	13	27
12	22	2	6	2	22	7	29	14	28
12	25	42	7	3	23	8	10	15	29
12	29	23	8	4	23	8	51	16	♓
12	33	4	9	5	24	9	33	17	2
12	36	45	10	6	25	10	15	18	3
12	40	26	11	6	25	10	57	19	4
12	44	8	12	7	26	11	40	20	5
12	47	50	13	8	27	12	22	21	6
12	51	32	14	9	28	13	4	22	7
12	55	14	15	10	28	13	47	23	9
12	58	57	16	11	29	14	30	24	10
13	2	40	17	11	♐	15	14	25	11
13	6	23	18	12	1	15	59	26	12
13	10	7	19	13	1	16	44	27	13
13	13	51	20	14	2	17	29	28	15
13	17	35	21	15	3	18	14	29	16
13	21	20	22	16	4	19	0	♒	17
13	25	6	23	16	4	19	45	1	18
13	28	52	24	17	5	20	31	2	20
13	32	38	25	18	6	21	18	4	21
13	36	25	26	19	7	22	6	5	22
13	40	12	27	20	7	22	54	6	23
13	44	0	28	21	8	23	42	7	25
13	47	48	29	21	9	24	31	8	26
13	51	37	30	22	10	25	20	10	27

Sidereal Time H.	M.	S.	10 ♏ °	11 ♏ °	12 ♐ °	Ascen ♐ °	′	2 ♒ °	3 ♓ °
13	51	37	0	22	10	25	20	10	27
13	55	27	1	23	11	26	10	11	28
13	59	17	2	24	11	27	2	12	♈
14	3	8	3	25	12	27	53	14	1
14	6	59	4	26	13	28	45	15	2
14	10	51	5	26	14	29	36	16	4
14	14	44	6	27	15	0 ♑	29	18	5
14	18	37	7	28	15	1	23	19	6
14	22	31	8	29	16	2	18	20	8
14	26	25	9	♐	17	3	14	22	9
14	30	20	10	1	18	4	11	23	10
14	34	16	11	2	19	5	9	25	11
14	38	13	12	2	20	6	7	26	13
14	42	10	13	3	20	7	6	28	14
14	46	8	14	4	21	8	6	29	15
14	50	7	15	5	22	9	8	♓	17
14	54	7	16	6	23	10	11	2	18
14	58	7	17	7	24	11	15	4	19
15	2	8	18	8	25	12	20	6	21
15	6	9	19	9	26	13	27	8	22
15	10	12	20	9	27	14	35	9	23
15	14	15	21	10	27	15	43	11	24
15	18	19	22	11	28	16	52	13	26
15	22	23	23	12	29	18	3	14	27
15	26	29	24	13	♑	19	16	16	28
15	30	35	25	14	1	20	32	17	29
15	34	41	26	15	2	21	48	19	♉
15	38	49	27	16	3	23	8	21	2
15	42	57	28	17	4	24	29	22	3
15	47	6	29	18	5	25	51	24	5
15	51	15	30	18	6	27	15	26	6

Sidereal Time H.	M.	S.	10 ♐ °	11 ♐ °	12 ♑ °	Ascen ♑ °	′	2 ♓ °	3 ♉ °
15	51	15	0	18	6	27	15	26	6
15	55	25	1	19	7	28	42	28	7
15	59	36	2	20	8	0 ♒	11	♈	9
16	3	48	3	21	9	1	42	2	10
16	8	0	4	22	10	3	16	3	11
16	12	13	5	23	11	4	53	5	12
16	16	26	6	24	12	6	32	7	14
16	20	40	7	25	13	8	13	9	15
16	24	55	8	26	14	9	57	11	16
16	29	10	9	27	16	11	44	12	17
16	33	26	10	28	17	13	34	14	18
16	37	42	11	29	18	15	26	16	20
16	41	59	12	♑	19	17	20	18	21
16	46	16	13	1	20	19	18	20	22
16	50	34	14	2	21	21	22	21	23
16	54	52	15	3	22	23	29	23	25
16	59	10	16	4	24	25	36	25	26
17	3	29	17	5	25	27	46	27	27
17	7	49	18	6	26	0 ♓	0	28	28
17	12	9	19	7	27	2	19	♉	29
17	16	29	20	8	29	4	40	2	♊
17	20	49	21	9	♒	7	2	3	1
17	25	9	22	10	1	9	26	5	2
17	29	30	23	11	3	11	54	7	3
17	33	51	24	12	4	14	24	8	5
17	38	12	25	13	5	16	58	10	6
17	42	34	26	14	7	19	31	11	7
17	46	55	27	15	8	22	5	13	8
17	51	17	28	16	10	24	41	14	9
17	55	38	29	17	11	27	21	16	10
18	0	0	30	18	13	30	0	17	11

Sidereal Time H.	M.	S.	10 ♑ °	11 ♑ °	12 ♒ °	Ascen ♈ °	′	2 ♉ °	3 ♊ °
18	0	0	0	18	13	0	0	17	11
18	4	22	1	20	14	2	39	19	13
18	8	43	2	21	16	5	19	20	14
18	13	5	3	22	17	7	55	22	15
18	17	26	4	23	19	10	29	23	16
18	21	48	5	24	20	13	2	25	17
18	26	9	6	25	22	15	36	26	18
18	30	30	7	26	23	18	6	28	19
18	34	51	8	27	25	20	34	29	20
18	39	11	9	29	27	22	59	♊	21
18	43	31	10	♒	28	25	22	1	22
18	47	51	11	1	♓	27	42	2	23
18	52	11	12	2	2	29	58	4	24
18	56	31	13	3	3	2 ♉	13	5	25
19	0	50	14	4	5	4	24	6	26
19	5	8	15	6	7	6	30	8	27
19	9	26	16	7	9	8	36	9	28
19	13	44	17	8	10	10	40	10	29
19	18	1	18	9	12	12	39	11	♋
19	22	18	19	10	14	14	35	12	1
19	26	34	20	12	16	16	28	13	2
19	30	50	21	13	18	18	17	14	3
19	35	5	22	14	19	20	3	16	4
19	39	20	23	15	21	21	48	17	5
19	43	34	24	16	23	23	29	18	6
19	47	47	25	18	25	25	9	19	7
19	52	0	26	19	27	26	45	20	8
19	56	12	27	20	28	28	18	21	9
20	0	24	28	21	♈	29	49	22	10
20	4	35	29	23	2	1 ♊	19	23	11
20	8	45	30	24	4	2	45	24	12

Sidereal Time H.	M.	S.	10 ♒ °	11 ♒ °	12 ♈ °	Ascen ♊ °	′	2 ♊ °	3 ♋ °
20	8	45	0	24	4	2	45	24	12
20	12	54	1	25	6	4	9	25	12
20	17	3	2	27	7	5	32	26	13
20	21	11	3	28	9	6	53	27	14
20	25	19	4	29	11	8	12	28	15
20	29	25	5	♓	13	9	27	29	16
20	33	31	6	2	14	10	43	♋	17
20	37	37	7	3	16	11	58	1	18
20	41	41	8	4	18	13	9	2	19
20	45	45	9	6	19	14	18	3	20
20	49	48	10	7	21	15	25	3	21
20	53	51	11	8	23	16	32	4	21
20	57	52	12	9	24	17	39	5	22
21	1	53	13	11	26	18	44	6	23
21	5	53	14	12	28	19	48	7	24
21	9	53	15	13	29	20	51	8	25
21	13	52	16	15	♉	21	53	9	26
21	17	50	17	16	2	22	53	10	27
21	21	47	18	17	4	23	52	10	28
21	25	44	19	19	5	24	51	11	28
21	29	40	20	20	7	25	48	12	29
21	33	35	21	22	8	26	44	13	♌
21	37	29	22	23	10	27	40	14	1
21	41	23	23	24	11	28	34	15	2
21	45	16	24	25	13	29	29	15	3
21	49	9	25	26	14	0 ♋	22	16	4
21	53	1	26	28	15	1	15	17	4
21	56	52	27	29	16	2	7	18	5
22	0	43	28	♈	18	2	57	19	6
22	4	33	29	2	19	3	48	19	7
22	8	23	30	3	20	4	38	20	8

Sidereal Time H.	M.	S.	10 ♓ °	11 ♈ °	12 ♉ °	Ascen ♋ °	′	2 ♋ °	3 ♌ °
22	8	23	0	3	20	4	38	20	8
22	12	12	1	4	21	5	28	21	8
22	16	0	2	6	23	6	17	22	9
22	19	48	3	7	24	7	5	23	10
22	23	35	4	8	25	7	53	23	11
22	27	22	5	9	26	8	42	24	12
22	31	8	6	10	28	9	29	25	13
22	34	54	7	12	29	10	16	26	14
22	38	40	8	13	♊	11	2	26	14
22	42	25	9	14	1	11	47	27	15
22	46	9	10	15	2	12	31	28	16
22	49	53	11	17	3	13	16	29	17
22	53	37	12	18	4	14	1	29	18
22	57	20	13	19	5	14	45	♌	19
23	1	3	14	20	6	15	28	1	19
23	4	46	15	21	7	16	11	2	20
23	8	28	16	23	8	16	54	2	21
23	12	10	17	24	9	17	37	3	22
23	15	52	18	25	10	18	20	4	23
23	19	34	19	26	11	19	3	5	24
23	23	15	20	27	12	19	45	5	24
23	26	56	21	29	13	20	26	6	25
23	30	37	22	♉	14	21	8	7	26
23	34	18	23	1	15	21	50	7	27
23	37	58	24	2	16	22	31	8	28
23	41	39	25	3	17	23	12	9	28
23	45	19	26	4	18	23	53	9	29
23	49	0	27	5	19	24	32	10	♍
23	52	40	28	6	20	25	15	11	1
23	56	20	29	8	21	25	56	12	2
24	0	0	30	9	22	26	36	13	3

TABLES OF HOUSES FOR LIVERPOOL, Latitude 53° 25′ N.

Sidereal Time H.	M.	S.	10 ♈ °	11 ♉ °	12 ♊ °	Ascen ♋ °	′	2 ♌ °	3 ♍ °
0	0	0	0	9	24	28	12	14	3
0	3	40	1	10	25	28	51	14	4
0	7	20	2	12	25	29	30	15	4
0	11	0	3	13	26	0 ♌	9	16	5
0	14	41	4	14	27	0	48	17	6
0	18	21	5	15	28	1	27	17	7
0	22	2	6	16	29	2	6	18	8
0	25	42	7	17	♋	2	44	19	9
0	29	23	8	18	1	3	22	19	10
0	33	4	9	19	1	4	1	20	10
0	36	45	10	20	2	4	39	21	11
0	40	26	11	21	3	5	18	22	12
0	44	8	12	22	4	5	56	22	13
0	47	50	13	23	5	6	34	23	14
0	51	32	14	24	6	7	13	24	14
0	55	14	15	25	6	7	51	24	15
0	58	57	16	26	7	8	30	25	16
1	2	40	17	27	8	9	8	26	17
1	6	23	18	28	9	9	47	26	18
1	10	7	19	29	10	10	25	27	19
1	13	51	20	♊	11	11	4	28	19
1	17	35	21	1	11	11	43	28	20
1	21	20	22	2	12	12	21	29	21
1	25	6	23	3	13	13	0	♍	22
1	28	52	24	4	14	13	39	1	23
1	32	38	25	5	15	14	17	1	24
1	36	25	26	6	15	14	56	2	25
1	40	12	27	7	16	15	35	3	25
1	44	0	28	8	17	16	14	3	26
1	47	48	29	9	18	16	53	4	27
1	51	37	30	10	18	17	32	5	28

Sidereal Time H.	M.	S.	10 ♉ °	11 ♊ °	12 ♋ °	Ascen ♌ °	′	2 ♍ °	3 ♍ °
1	51	37	0	10	18	17	32	5	28
1	55	27	1	11	19	18	11	6	29
1	59	17	2	12	20	18	51	6	♎
2	3	8	3	13	21	19	30	7	1
2	6	59	4	14	22	20	9	8	2
2	10	51	5	15	22	20	49	9	2
2	14	44	6	16	23	21	28	9	3
2	18	37	7	17	24	22	8	10	4
2	22	31	8	18	25	22	48	11	5
2	26	25	9	19	25	23	28	12	6
2	30	20	10	20	26	24	8	12	7
2	34	16	11	21	27	24	48	13	8
2	38	13	12	22	28	25	28	14	9
2	42	10	13	23	29	26	8	15	10
2	46	8	14	24	29	26	49	15	10
2	50	7	15	25	♌	27	29	16	11
2	54	7	16	26	1	28	10	17	12
2	58	7	17	27	2	28	51	18	13
3	2	8	18	28	2	29	32	19	14
3	6	9	19	29	3	0 ♍	13	19	15
3	10	12	20	29	4	0	54	20	16
3	14	15	21	♋	5	1	36	21	17
3	18	19	22	1	5	2	17	22	18
3	22	23	23	2	6	2	59	23	19
3	26	29	24	3	7	3	41	23	20
3	30	35	25	4	8	4	23	24	21
3	34	41	26	5	9	5	5	25	22
3	38	49	27	6	10	5	47	26	22
3	42	57	28	7	10	6	29	27	23
3	47	6	29	8	11	7	12	27	24
3	51	15	30	9	12	7	55	28	25

Sidereal Time H.	M.	S.	10 ♊ °	11 ♋ °	12 ♌ °	Ascen ♍ °	′	2 ♍ °	3 ♎ °
3	51	15	0	9	12	7	55	28	25
3	55	25	1	10	13	8	37	29	26
3	59	36	2	11	13	9	20	♎	27
4	3	48	3	12	14	10	3	1	28
4	8	0	4	12	15	10	46	2	29
4	12	13	5	13	16	11	30	2	♏
4	16	26	6	14	17	12	13	3	1
4	20	40	7	15	18	12	56	4	2
4	24	55	8	16	18	13	40	5	3
4	29	10	9	17	19	14	24	6	4
4	33	26	10	18	20	15	8	7	5
4	37	42	11	19	21	15	52	7	6
4	41	59	12	20	21	16	36	8	6
4	46	16	13	21	22	17	20	9	7
4	50	34	14	22	23	18	4	10	8
4	54	52	15	23	24	18	48	11	9
4	59	10	16	24	25	19	32	12	10
5	3	29	17	24	26	20	17	12	11
5	7	49	18	25	26	21	1	13	12
5	12	9	19	26	27	21	46	14	13
5	16	29	20	27	28	22	31	15	14
5	20	49	21	28	29	23	16	16	15
5	25	9	22	29	♍	24	0	17	16
5	29	30	23	♌	1	24	45	18	17
5	33	51	24	1	1	25	30	18	18
5	38	12	25	2	2	26	15	19	19
5	42	34	26	3	3	27	0	20	20
5	46	55	27	4	4	27	45	21	21
5	51	17	28	5	5	28	30	22	21
5	55	38	29	6	6	29	15	23	22
6	0	0	30	7	7	30	0	23	23

Sidereal Time H.	M.	S.	10 ♋ °	11 ♌ °	12 ♍ °	Ascen ♎ °	′	2 ♎ °	3 ♏ °
6	0	0	0	7	7	0	0	23	23
6	4	22	1	8	7	0	45	24	24
6	8	43	2	9	8	1	30	25	25
6	13	5	3	9	9	2	15	26	26
6	17	26	4	10	10	3	0	27	27
6	21	48	5	11	11	3	45	28	28
6	26	9	6	12	12	4	30	29	29
6	30	30	7	13	12	5	15	29	♐
6	34	51	8	14	13	6	0	♏	1
6	39	11	9	15	14	6	44	1	2
6	43	31	10	16	15	7	29	2	3
6	47	51	11	17	16	8	14	3	4
6	52	11	12	18	17	8	59	4	5
6	56	31	13	19	18	9	43	4	6
7	0	50	14	20	18	10	27	5	6
7	5	8	15	21	19	11	11	6	7
7	9	26	16	22	20	11	56	7	8
7	13	44	17	23	21	12	40	8	9
7	18	1	18	24	22	13	24	8	10
7	22	18	19	24	23	14	8	9	11
7	26	34	20	25	23	14	52	10	12
7	30	50	21	26	24	15	36	11	13
7	35	5	22	27	25	16	20	12	14
7	39	20	23	28	26	17	4	13	15
7	43	34	24	29	27	17	47	13	16
7	47	47	25	♍	28	18	30	14	17
7	52	0	26	1	28	19	13	15	18
7	56	12	27	2	29	19	57	16	18
8	0	24	28	3	♎	20	40	17	19
8	4	35	29	4	1	21	23	17	20
8	8	45	30	5	2	22	5	18	21

Sidereal Time H.	M.	S.	10 ♌ °	11 ♍ °	12 ♎ °	Ascen ♎ °	′	2 ♏ °	3 ♐ °
8	8	45	0	5	2	22	5	18	21
8	12	54	1	6	2	22	48	19	22
8	17	3	2	7	3	23	30	20	23
8	21	11	3	8	4	24	13	20	24
8	25	19	4	8	5	24	55	21	25
8	29	26	5	9	6	25	37	22	26
8	33	31	6	10	7	26	19	23	27
8	37	37	7	11	7	27	1	24	28
8	41	41	8	12	8	27	43	25	29
8	45	45	9	13	9	28	24	25	♑
8	49	48	10	14	10	29	6	26	1
8	53	51	11	15	11	29	47	27	1
8	57	52	12	16	11	0 ♏	28	28	2
9	1	53	13	17	12	1	9	28	3
9	5	53	14	18	13	1	50	29	4
9	9	53	15	19	14	2	31	♐	5
9	13	52	16	19	15	3	11	1	6
9	17	50	17	20	15	3	52	1	7
9	21	47	18	21	16	4	32	2	8
9	25	44	19	22	17	5	12	3	9
9	29	40	20	23	18	5	52	4	10
9	33	35	21	24	18	6	32	5	11
9	37	29	22	25	19	7	12	5	12
9	41	23	23	26	20	7	52	6	13
9	45	16	24	27	21	8	32	7	14
9	49	9	25	27	21	9	12	8	15
9	53	1	26	28	22	9	51	8	16
9	56	52	27	29	23	10	30	9	17
10	0	43	28	♎	24	11	9	10	17
10	4	33	29	1	24	11	49	11	18
10	8	23	30	2	25	12	28	11	19

Sidereal Time H.	M.	S.	10 ♍ °	11 ♎ °	12 ♎ °	Ascen ♏ °	′	2 ♐ °	3 ♑ °
10	8	23	0	2	25	12	28	11	19
10	12	12	1	3	26	13	6	12	20
10	16	0	2	4	27	13	45	13	21
10	19	48	3	4	27	14	25	14	22
10	23	35	4	5	28	15	4	15	23
10	27	22	5	6	29	15	42	15	24
10	31	8	6	7	29	16	21	16	25
10	34	54	7	8	♏	17	0	17	26
10	38	40	8	9	1	17	39	18	27
10	42	25	9	10	2	18	17	18	28
10	46	9	10	10	2	18	55	19	29
10	49	53	11	11	3	19	34	20	♒
10	53	37	12	12	4	20	13	21	1
10	57	20	13	13	4	20	52	22	2
11	1	3	14	14	5	21	30	22	3
11	4	46	15	15	6	22	8	23	5
11	8	28	16	16	7	22	46	24	6
11	12	10	17	16	7	23	25	25	7
11	15	52	18	17	8	24	4	26	8
11	19	34	19	18	9	24	42	26	9
11	23	15	20	19	9	25	21	27	10
11	26	56	21	20	10	25	59	28	11
11	30	37	22	20	11	26	38	29	12
11	34	18	23	21	12	27	16	♑	13
11	37	58	24	22	12	27	54	1	14
11	41	39	25	23	13	28	33	1	15
11	45	19	26	24	14	29	11	2	16
11	49	0	27	25	14	29	50	3	17
11	52	40	28	26	15	0 ♐	30	4	18
11	56	20	29	26	16	1	9	5	20
12	0	0	30	27	16	1	48	6	21

TABLES OF HOUSES FOR LIVERPOOL, *Latitude* 53° 25′ N.

Sidereal Time. H.	M.	S.	10 ♎ °	11 ♎ °	12 ♏ °	Ascen ♐ °	′	2 ♑ °	3 ♒ °
12	0	0	0	27	16	1	48	6	21
12	3	40	1	28	17	2	27	7	22
12	7	20	2	29	18	3	6	8	23
12	11	0	3	♏	18	3	46	9	24
12	14	41	4	0	19	4	25	10	25
12	18	21	5	1	20	5	6	10	26
12	22	2	6	2	21	5	46	11	28
12	25	42	7	3	21	6	26	12	29
12	29	23	8	4	22	7	6	13	♓
12	33	4	9	4	23	7	46	14	1
12	36	45	10	5	24	8	27	15	2
12	40	26	11	6	24	9	8	16	3
12	44	8	12	7	25	9	49	17	5
12	47	50	13	8	26	10	30	18	6
12	51	32	14	9	26	11	12	19	7
12	55	14	15	9	27	11	54	20	8
12	58	57	16	10	28	12	36	21	10
13	2	40	17	11	28	13	19	22	11
13	6	23	18	12	29	14	2	23	12
13	10	7	19	13	♐	14	45	25	13
13	13	51	20	13	1	15	28	26	15
13	17	35	21	14	1	16	12	27	16
13	21	20	22	15	2	16	56	28	17
13	25	6	23	16	3	17	41	29	18
13	28	52	24	17	4	18	26	♒	19
13	32	38	25	17	4	19	11	1	21
13	36	25	26	18	5	19	57	3	22
13	40	12	27	19	6	20	44	4	23
13	44	0	28	20	7	21	31	5	24
13	47	48	29	21	7	22	18	7	26
13	51	37	30	21	8	23	6	8	27

Sidereal Time. H.	M.	S.	10 ♏ °	11 ♏ °	12 ♐ °	Ascen ♐ °	′	2 ♒ °	3 ♓ °
13	51	37	0	21	8	23	6	8	27
13	55	27	1	22	9	23	55	9	28
13	59	17	2	23	10	24	43	10	♈
14	3	8	3	24	10	25	33	12	1
14	6	59	4	25	11	26	23	13	2
14	10	51	5	26	12	27	14	15	4
14	14	44	6	26	13	28	6	16	5
14	18	37	7	27	13	28	59	18	6
14	22	31	8	28	14	29	52	19	8
14	26	25	9	29	15	0 ♑	46	20	9
14	30	20	10	♐	16	1	41	22	10
14	34	16	11	1	17	2	36	23	11
14	38	13	12	2	18	3	33	25	13
14	42	10	13	2	18	4	30	26	14
14	46	8	14	3	19	5	29	28	16
14	50	7	15	4	20	6	29	♓	17
14	54	7	16	5	21	7	30	1	18
14	58	7	17	6	22	8	32	3	20
15	2	8	18	7	23	9	35	5	21
15	6	9	19	8	24	10	39	6	22
15	10	12	20	8	24	11	45	8	23
15	14	15	21	9	25	12	52	10	25
15	18	19	22	10	26	14	1	11	26
15	22	23	23	11	27	15	11	13	27
15	26	29	24	12	28	16	23	15	29
15	30	35	25	13	29	17	37	17	♉
15	34	41	26	14	♑	18	53	19	1
15	38	49	27	15	1	20	10	21	3
15	42	57	28	16	2	21	29	22	4
15	47	6	29	16	3	22	51	24	5
15	51	15	30	17	4	24	15	26	7

Sidereal Time. H.	M.	S.	10 ♐ °	11 ♐ °	12 ♑ °	Ascen ♑ °	′	2 ♓ °	3 ♉ °
15	51	15	0	17	4	24	15	26	7
15	55	25	1	18	5	25	41	28	8
15	59	36	2	19	6	27	10	♈	9
16	3	48	3	20	7	28	41	2	10
16	8	0	4	21	8	0 ♒	14	4	12
16	12	13	5	22	9	1	50	5	13
16	16	26	6	23	10	3	30	7	14
16	20	40	7	24	11	5	13	9	15
16	24	55	8	25	12	6	58	11	17
16	29	10	9	26	13	8	46	13	18
16	33	26	10	27	14	10	38	15	19
16	37	42	11	28	15	12	32	17	20
16	41	59	12	29	16	14	31	19	22
16	46	16	13	♑	18	16	33	20	23
16	50	34	14	1	19	18	40	22	24
16	54	52	15	2	20	20	50	24	25
16	59	10	16	3	21	23	4	26	26
17	3	29	17	4	22	25	21	28	28
17	7	49	18	5	24	27	42	29	29
17	12	9	19	6	25	0 ♓	8	♉	♊
17	16	29	20	7	26	2	37	3	1
17	20	49	21	8	28	5	10	5	3
17	25	9	22	9	29	7	46	6	4
17	29	30	23	10	♒	10	24	8	5
17	33	51	24	11	2	13	7	10	6
17	38	12	25	12	3	15	52	11	7
17	42	34	26	13	4	18	38	13	8
17	46	55	27	14	6	21	27	15	9
17	51	17	28	15	7	24	17	16	10
17	55	38	29	16	9	27	8	18	12
18	0	0	30	17	11	30	0	19	13

Sidereal Time. H.	M.	S.	10 ♑ °	11 ♑ °	12 ♒ °	Ascen ♈ °	′	2 ♉ °	3 ♊ °
18	0	0	0	17	11	0	0	19	13
18	4	22	1	18	12	2	52	21	14
18	8	43	2	20	14	5	43	23	15
18	13	5	3	21	15	8	33	24	16
18	17	26	4	22	17	11	22	25	17
18	21	48	5	23	19	14	8	27	18
18	26	9	6	24	20	16	53	28	19
18	30	30	7	25	22	19	36	♊	20
18	34	51	8	26	24	22	14	1	21
18	39	11	9	27	25	24	50	2	22
18	43	31	10	29	27	27	23	4	23
18	47	51	11	♒	28	29	52	5	24
18	52	11	12	1	♓	2 ♉	18	6	25
18	56	31	13	2	2	4	39	8	26
19	0	50	14	4	4	6	56	9	27
19	5	8	15	5	6	9	10	10	28
19	9	26	16	6	8	11	20	11	29
19	13	44	17	7	10	13	27	12	♋
19	18	1	18	8	11	15	29	14	1
19	22	18	19	9	13	17	28	15	2
19	26	34	20	11	15	19	22	16	3
19	30	50	21	12	17	21	14	17	4
19	35	5	22	13	19	23	2	18	5
19	39	20	23	15	21	24	47	19	6
19	43	34	24	16	23	26	30	20	7
19	47	47	25	17	25	28	10	21	8
19	52	0	26	18	26	29	46	22	9
19	56	12	27	20	28	1 ♊	19	23	10
20	0	24	28	21	♈	2	50	24	11
20	4	35	29	22	2	4	19	25	12
20	8	45	30	23	4	5	45	26	13

Sidereal Time. H.	M.	S.	10 ♒ °	11 ♒ °	12 ♈ °	Ascen ♊ °	′	2 ♊ °	3 ♋ °
20	8	45	0	23	4	5	45	26	13
20	12	54	1	25	6	7	9	27	14
20	17	3	2	26	8	8	31	28	14
20	21	11	3	27	9	9	50	29	15
20	25	19	4	29	11	11	7	♋	16
20	29	26	5	♓	13	12	23	1	17
20	33	31	6	1	15	13	37	2	18
20	37	37	7	3	17	14	49	3	19
20	41	41	8	4	19	15	59	4	20
20	45	45	9	5	20	17	8	5	21
20	49	48	10	7	22	18	15	6	22
20	53	51	11	8	24	19	21	7	22
20	57	52	12	10	25	20	25	7	23
21	1	53	13	11	27	21	28	8	24
21	5	53	14	12	29	22	30	9	25
21	9	53	15	13	♉	23	31	10	26
21	13	52	16	14	2	24	31	11	27
21	17	50	17	16	4	25	30	12	28
21	21	47	18	17	5	26	27	12	28
21	25	44	19	18	7	27	24	13	29
21	29	40	20	20	8	28	19	14	♌
21	33	35	21	21	10	29	14	15	1
21	37	29	22	22	11	0 ♋	8	16	2
21	41	23	23	24	12	1	1	17	3
21	45	16	24	25	14	1	54	17	4
21	49	9	25	26	15	2	46	18	4
21	53	1	26	28	17	3	37	19	5
21	56	52	27	29	18	4	27	20	6
22	0	43	28	♈	20	5	17	20	7
22	4	33	29	2	21	6	5	21	8
22	8	23	30	3	22	6	54	22	8

Sidereal Time. H.	M.	S.	10 ♓ °	11 ♈ °	12 ♉ °	Ascen ♋ °	′	2 ♋ °	3 ♌ °
22	8	23	0	3	22	6	54	22	8
22	12	12	1	4	23	7	42	23	9
22	16	0	2	5	25	8	29	23	10
22	19	48	3	7	26	9	16	24	11
22	23	35	4	8	27	10	3	25	12
22	27	22	5	9	29	10	49	26	13
22	31	8	6	11	♊	11	34	26	13
22	34	54	7	12	1	12	19	27	14
22	38	40	8	13	2	13	3	28	15
22	42	25	9	14	3	13	48	29	16
22	46	9	10	16	4	14	32	29	17
22	49	53	11	17	5	15	15	♌	17
22	53	37	12	18	7	15	58	1	18
22	57	20	13	19	8	16	41	2	19
23	1	3	14	20	9	17	24	2	20
23	4	46	15	22	10	18	6	3	21
23	8	28	16	23	11	18	48	4	21
23	12	10	17	24	12	19	30	4	22
23	15	52	18	25	13	20	11	5	23
23	19	34	19	27	14	20	52	6	24
23	23	15	20	28	15	21	33	6	25
23	26	56	21	29	16	22	14	7	26
23	30	37	22	♉	17	22	54	8	26
23	34	18	23	1	18	23	34	9	27
23	37	58	24	2	19	24	14	9	28
23	41	39	25	4	20	24	54	10	29
23	45	19	26	5	21	25	35	11	♍
23	49	0	27	6	22	26	14	11	0
23	52	40	28	7	22	26	54	12	1
23	56	20	29	8	23	27	33	13	2
24	0	0	30	9	24	28	12	14	3

TABLES OF HOUSES FOR NEW YORK, Latitude 40° 43′ *N.*

Sidereal Time.			10 ♈	11 ♉	12 ♊	Ascen ♋		2 ♌	3 ♍
H.	M.	S.	°	°	°	°	′	°	°
0	0	0	0	6	15	18	53	8	1
0	3	40	1	7	16	19	38	9	2
0	7	20	2	8	17	20	23	10	3
0	11	0	3	9	18	21	9	11	4
0	14	41	4	11	19	21	55	12	5
0	18	21	5	12	20	22	40	12	5
0	22	2	6	13	21	23	24	13	6
0	25	42	7	14	22	24	8	14	7
0	29	23	8	15	23	24	54	15	8
0	33	4	9	16	23	25	37	15	9
0	36	45	10	17	24	26	22	16	10
0	40	26	11	18	25	27	5	17	11
0	44	8	12	19	26	27	50	18	12
0	47	50	13	20	27	28	33	19	13
0	51	32	14	21	28	29	18	19	13
0	55	14	15	22	28	0 ♌	3	20	14
0	58	57	16	23	29	0	46	21	15
1	2	40	17	24	♋	1	31	22	16
1	6	23	18	25	1	2	14	22	17
1	10	7	19	26	2	2	58	23	18
1	13	51	20	27	3	3	43	24	19
1	17	35	21	28	3	4	27	25	20
1	21	20	22	29	4	5	12	25	21
1	25	6	23	♊	5	5	56	26	22
1	28	52	24	1	6	6	40	27	22
1	32	38	25	2	7	7	25	28	23
1	36	25	26	2	8	8	9	29	24
1	40	12	27	3	9	8	53	♍	25
1	44	0	28	4	10	9	38	1	26
1	47	48	29	5	10	10	24	1	27
1	51	37	30	6	11	11	8	2	28

Sidereal Time.			10 ♉	11 ♊	12 ♋	Ascen ♌		2 ♍	3 ♍
H.	M.	S.	°	°	°	°	′	°	°
1	51	37	0	6	11	11	8	2	28
1	55	27	1	7	12	11	53	3	29
1	59	17	2	8	13	12	38	4	♎
2	3	8	3	9	14	13	22	5	1
2	6	59	4	10	15	14	8	5	2
2	10	51	5	11	15	14	53	6	3
2	14	44	6	12	16	15	39	7	4
2	18	37	7	13	17	16	24	8	4
2	22	31	8	14	18	17	10	9	5
2	26	25	9	15	19	17	56	10	6
2	30	20	10	16	20	18	41	10	7
2	34	16	11	17	20	19	27	11	8
2	38	13	12	18	21	20	14	12	9
2	42	10	13	19	22	21	0	13	10
2	46	8	14	19	23	21	47	14	11
2	50	7	15	20	24	22	33	15	12
2	54	7	16	21	25	23	20	16	13
2	58	7	17	22	25	24	7	17	14
3	2	8	18	23	26	24	54	17	15
3	6	9	19	24	27	25	42	18	16
3	10	12	20	25	28	26	29	19	17
3	14	15	21	26	29	27	17	20	18
3	18	19	22	27	♌	28	4	21	19
3	22	23	23	28	1	28	52	22	20
3	26	29	24	29	1	29	40	23	21
3	30	35	25	♋	2	0 ♍	29	24	22
3	34	41	26	1	3	1	17	24	23
3	38	49	27	2	4	2	6	25	24
3	42	57	28	3	5	2	55	26	25
3	47	6	29	4	6	3	43	27	26
3	51	15	30	5	7	4	32	28	27

Sidereal Time.			10 ♊	11 ♋	12 ♌	Ascen ♍		2 ♍	3 ♎
H.	M.	S.	°	°	°	°	′	°	°
3	51	15	0	5	7	4	32	28	27
3	55	25	1	6	8	5	22	29	28
3	59	36	2	6	8	6	10	♎	29
4	3	48	3	7	9	7	0	1	♏
4	8	0	4	8	10	7	49	2	1
4	12	13	5	9	11	8	40	3	2
4	16	26	6	10	12	9	30	4	3
4	20	40	7	11	13	10	19	4	4
4	24	55	8	12	14	11	10	5	5
4	29	10	9	13	15	12	0	6	6
4	33	26	10	14	16	12	51	7	7
4	37	42	11	15	16	13	41	8	8
4	41	59	12	16	17	14	32	9	9
4	46	16	13	17	18	15	23	10	10
4	50	34	14	18	19	16	14	11	11
4	54	52	15	19	20	17	5	12	12
4	59	10	16	20	21	17	56	13	13
5	3	29	17	21	22	18	47	14	14
5	7	49	18	22	23	19	39	15	15
5	12	9	19	23	24	20	30	16	16
5	16	29	20	24	25	21	22	17	17
5	20	49	21	25	25	22	13	18	18
5	25	9	22	26	26	23	5	18	19
5	29	30	23	27	27	23	57	19	20
5	33	51	24	28	28	24	49	20	21
5	38	12	25	29	29	25	40	21	22
5	42	34	26	♌	♍	26	32	22	22
5	46	55	27	1	1	27	25	23	23
5	51	17	28	2	2	28	16	24	24
5	55	38	29	3	3	29	8	25	25
6	0	0	30	4	4	30	0	26	26

Sidereal Time.			10 ♋	11 ♌	12 ♍	Ascen ♎		2 ♎	3 ♏
H.	M.	S.	°	°	°	°	′	°	°
6	0	0	0	4	4	0	0	26	26
6	4	22	1	5	5	0	52	27	27
6	8	43	2	6	6	1	44	28	28
6	13	5	3	6	7	2	35	29	29
6	17	26	4	7	8	3	28	♏	♐
6	21	48	5	8	9	4	20	1	1
6	26	9	6	9	10	5	11	2	2
6	30	30	7	10	11	6	3	3	3
6	34	51	8	11	12	6	55	3	4
6	39	11	9	12	13	7	47	4	5
6	43	31	10	13	14	8	38	5	6
6	47	51	11	14	15	9	30	6	7
6	52	11	12	15	15	10	21	7	8
6	56	31	13	16	16	11	13	8	9
7	0	50	14	17	17	12	4	9	10
7	5	8	15	18	18	12	55	10	11
7	9	26	16	19	19	13	46	11	12
7	13	44	17	20	20	14	37	12	13
7	18	1	18	21	21	15	28	13	14
7	22	18	19	22	22	16	19	14	15
7	26	34	20	23	23	17	9	14	16
7	30	50	21	24	23	18	0	15	17
7	35	5	22	25	24	18	50	16	18
7	39	20	23	26	25	19	41	17	19
7	43	34	24	27	26	20	30	18	20
7	47	47	25	28	27	21	20	19	21
7	52	0	26	29	28	22	11	20	22
7	56	12	27	♍	29	23	0	21	23
8	0	24	28	1	♎	23	50	21	24
8	4	35	29	2	1	24	38	22	24
8	8	45	30	3	2	25	28	23	25

Sidereal Time.			10 ♌	11 ♍	12 ♎	Ascen ♎		2 ♏	3 ♐
H.	M.	S.	°	°	°	°	′	°	°
8	8	45	0	3	2	25	28	23	25
8	12	54	1	4	3	26	17	24	26
8	17	3	2	5	4	27	5	25	27
8	21	11	3	6	5	27	54	26	28
8	25	19	4	7	6	28	43	27	29
8	29	26	5	8	7	29	31	28	♑
8	33	31	6	9	7	0 ♏	20	28	1
8	37	37	7	10	8	1	8	29	2
8	41	41	8	11	9	1	56	♐	3
8	45	45	9	12	10	2	43	1	4
8	49	48	10	13	11	3	31	2	5
8	53	51	11	14	12	4	18	3	6
8	57	52	12	15	12	5	6	4	7
9	1	53	13	16	13	5	53	5	8
9	5	53	14	17	14	6	40	5	9
9	9	53	15	18	15	7	27	6	10
9	13	52	16	19	16	8	13	7	10
9	17	50	17	20	17	9	0	8	11
9	21	47	18	21	18	9	46	9	12
9	25	44	19	22	19	10	33	10	13
9	29	40	20	23	19	11	19	10	14
9	33	35	21	24	20	12	4	11	15
9	37	29	22	24	21	12	50	12	16
9	41	23	23	25	22	13	36	13	17
9	45	16	24	26	23	14	21	14	18
9	49	9	25	27	24	15	7	15	19
9	53	1	26	28	24	15	52	15	20
9	56	52	27	29	25	16	38	16	21
10	0	43	28	♎	26	17	22	17	22
10	4	33	29	1	27	18	7	18	23
10	8	23	30	2	28	18	52	19	24

Sidereal Time.			10 ♍	11 ♎	12 ♎	Ascen ♏		2 ♐	3 ♑
H.	M.	S.	°	°	°	°	′	°	°
10	8	23	0	2	28	18	52	19	24
10	12	12	1	3	29	19	36	20	25
10	16	0	2	4	29	20	22	20	26
10	19	48	3	5	♏	21	7	21	27
10	23	35	4	6	1	21	51	22	28
10	27	22	5	7	1	22	35	23	28
10	31	8	6	7	2	23	20	24	29
10	34	54	7	8	3	24	4	25	♒
10	38	40	8	9	4	24	48	25	1
10	42	25	9	10	5	25	33	26	2
10	46	9	10	11	6	26	17	27	3
10	49	53	11	12	7	27	2	28	4
10	53	37	12	13	7	27	46	29	5
10	57	20	13	14	8	28	29	♑	6
11	1	3	14	15	9	29	14	1	7
11	4	46	15	16	10	29	57	1	8
11	8	28	16	17	11	0 ♐	42	2	9
11	12	10	17	17	11	1	27	3	10
11	15	52	18	18	12	2	10	4	11
11	19	34	19	19	13	2	55	5	12
11	23	15	20	20	14	3	38	6	13
11	26	56	21	21	14	4	23	7	14
11	30	37	22	22	15	5	6	7	15
11	34	18	23	23	16	5	52	8	16
11	37	58	24	23	17	6	36	9	17
11	41	39	25	24	18	7	20	10	18
11	45	19	26	25	18	8	5	11	19
11	49	0	27	26	19	8	51	12	20
11	52	40	28	27	20	9	37	13	22
11	56	20	29	28	21	10	22	14	23
12	0	0	30	29	21	11	7	15	24

TABLES OF HOUSES FOR NEW YORK, *Latitude* 40° 43′ N.

Sidereal Time H.	M.	S.	10 ♎ °	11 ♎ °	12 ♏ °	Ascen ♐ °	′	2 ♑ °	3 ♒ °
12	0	0	0	29	21	11	7	15	24
12	3	40	1	♏	22	11	52	16	25
12	7	20	2	1	23	12	37	17	26
12	11	0	3	1	24	13	19	17	27
12	14	41	4	2	25	14	7	18	28
12	18	21	5	3	25	14	52	19	29
12	22	2	6	4	26	15	38	20	♓
12	25	42	7	5	27	16	23	21	1
12	29	23	8	6	28	17	11	22	2
12	33	4	9	6	28	17	58	23	3
12	36	45	10	7	29	18	45	24	4
12	40	26	11	8	♐	19	32	25	5
12	44	8	12	9	1	20	20	26	7
12	47	50	13	10	2	21	8	27	8
12	51	32	14	11	2	21	57	28	9
12	55	14	15	12	3	22	43	29	10
12	58	57	16	13	4	23	33	♒	11
13	2	40	17	13	5	24	22	1	12
13	6	23	18	14	6	25	11	2	13
13	10	7	19	15	7	36	1	3	15
13	13	51	20	16	7	26	51	5	16
13	17	35	21	17	8	27	40	6	17
13	21	20	22	18	9	28	32	7	18
13	25	6	23	19	10	29	23	8	19
13	28	52	24	19	10	0 ♑	14	9	20
13	32	38	25	20	11	1	7	10	21
13	36	25	26	21	12	2	0	11	23
13	40	12	27	22	13	2	52	12	24
13	44	0	28	23	13	3	46	13	25
13	47	48	29	24	14	4	41	15	26
13	51	37	30	25	15	5	35	16	27

Sidereal Time H.	M.	S.	10 ♏ °	11 ♏ °	12 ♐ °	Ascen ♑ °	′	2 ♒ °	3 ♓ °
13	51	37	0	25	15	5	35	16	27
13	55	27	1	25	16	6	30	17	29
13	59	17	2	26	17	7	27	18	♈
14	3	8	3	27	18	8	23	20	1
14	6	59	4	28	18	9	20	21	2
14	10	51	5	29	19	10	18	22	3
14	14	44	6	♐	20	11	16	23	5
14	18	37	7	1	21	12	15	24	6
14	22	31	8	2	22	13	15	26	7
14	26	25	9	2	23	14	16	27	8
14	30	20	10	3	24	15	17	28	9
14	34	16	11	4	24	16	19	♓	11
14	38	13	12	5	25	17	23	1	12
14	42	10	13	6	26	18	27	2	13
14	46	8	14	7	27	19	32	4	14
14	50	7	15	8	28	20	37	5	16
14	54	7	16	9	29	21	44	6	17
14	58	7	17	10	♑	22	51	8	18
15	2	8	18	10	1	23	59	9	19
15	6	9	19	11	2	25	9	11	20
15	10	12	20	12	3	26	19	12	22
15	14	15	21	13	4	27	31	14	23
15	18	19	22	14	5	28	43	15	24
15	22	23	23	15	6	29	57	16	25
15	26	29	24	16	6	1 ♒	12	18	26
15	30	35	25	17	7	2	28	19	28
15	34	41	26	18	8	3	46	21	29
15	38	49	27	19	9	5	5	22	♉
15	42	57	28	20	10	6	25	24	1
15	47	6	29	21	11	7	46	25	3
15	51	15	30	21	13	9	8	27	4

Sidereal Time H.	M.	S.	10 ♐ °	11 ♐ °	12 ♑ °	Ascen ♒ °	′	2 ♓ °	3 ♉ °
15	51	15	0	21	13	9	8	27	4
15	55	25	1	22	14	10	31	28	5
15	59	36	2	23	15	11	56	♈	6
16	3	48	3	24	16	13	23	1	7
16	8	0	4	25	17	14	50	3	9
16	12	13	5	26	18	16	19	4	10
16	16	26	6	27	19	17	50	6	11
16	20	40	7	28	20	19	22	7	12
16	24	55	8	29	21	20	56	9	13
16	29	10	9	♑	22	22	30	11	15
16	33	26	10	1	23	24	7	12	16
16	37	42	11	2	24	25	44	14	17
16	41	59	12	3	26	27	23	15	18
16	46	16	13	4	27	29	4	17	19
16	50	34	14	5	28	0 ♓	45	18	20
16	54	52	15	6	29	2	27	20	22
16	59	10	16	7	♒	4	11	21	23
17	3	29	17	8	2	5	56	23	24
17	7	49	18	9	3	7	43	24	25
17	12	9	19	10	4	9	30	26	26
17	16	29	20	11	5	11	18	27	27
17	20	49	21	12	7	13	8	29	28
17	25	9	22	13	8	14	57	♉	♊
17	29	30	23	14	9	16	48	2	1
17	33	51	24	15	10	18	41	3	2
17	38	12	25	16	12	20	33	5	3
17	42	34	26	17	13	22	25	6	4
17	46	55	27	19	14	24	19	7	5
17	51	17	28	20	16	26	12	9	6
17	55	38	29	21	17	28	7	10	7
18	0	0	30	22	18	30	0	12	9

Sidereal Time H.	M.	S.	10 ♑ °	11 ♑ °	12 ♒ °	Ascen ♈ °	′	2 ♉ °	3 ♊ °
18	0	0	0	22	18	0	0	12	9
18	4	22	1	23	20	1	53	13	10
18	8	43	2	24	21	3	48	14	11
18	13	5	3	25	23	5	41	16	12
18	17	26	4	26	24	7	35	17	13
18	21	48	5	27	25	9	27	18	14
18	26	9	6	28	27	11	19	20	15
18	30	30	7	29	28	13	12	21	16
18	34	51	8	♒	♓	15	3	22	17
18	39	11	9	2	1	16	52	23	18
18	43	31	10	3	3	18	42	25	19
18	47	51	11	4	4	20	30	26	20
18	52	11	12	5	5	22	17	27	21
18	56	31	13	6	7	24	4	29	22
19	0	50	14	7	9	25	49	♊	23
19	5	8	15	9	10	27	33	1	24
19	9	26	16	10	12	29	15	2	25
19	13	44	17	11	13	0 ♉	56	3	26
19	18	1	18	12	15	2	37	4	27
19	22	18	19	13	16	4	16	6	28
19	26	34	20	14	18	5	53	7	29
19	30	50	21	16	19	7	30	8	♋
19	35	5	22	17	21	9	4	9	1
19	39	20	23	18	22	10	38	10	2
19	43	34	24	19	24	12	10	11	3
19	47	47	25	20	25	13	41	12	4
19	52	0	26	21	27	15	10	13	5
19	56	12	27	23	29	16	37	14	6
20	0	24	28	24	♈	18	4	15	7
20	4	35	29	25	2	19	29	16	8
20	8	45	30	26	3	20	52	17	9

Sidereal Time H.	M.	S.	10 ♒ °	11 ♒ °	12 ♈ °	Ascen ♉ °	′	2 ♊ °	3 ♋ °
20	8	45	0	26	3	20	52	17	9
20	12	54	1	27	5	22	14	18	9
20	17	3	2	29	6	23	35	19	10
20	21	11	3	♓	8	24	55	20	11
20	25	19	4	1	9	26	14	21	12
20	29	26	5	2	11	27	31	22	13
20	33	31	6	3	12	28	47	23	14
20	37	37	7	5	14	0 ♊	3	24	15
20	41	41	8	6	15	1	17	25	16
20	45	45	9	7	16	2	29	26	17
20	49	48	10	8	18	3	41	27	18
20	53	51	11	10	19	4	51	28	19
20	57	52	12	11	21	6	1	29	20
21	1	53	13	12	22	7	9	♋	20
21	5	53	14	13	24	8	16	1	21
21	9	53	15	14	25	9	23	2	22
21	13	52	16	16	26	10	30	3	23
21	17	50	17	17	28	11	33	4	24
21	21	47	18	18	29	12	37	5	25
21	25	44	19	19	♉	13	41	6	26
21	29	40	20	21	2	14	43	6	27
21	33	35	21	22	3	15	44	7	28
21	37	29	22	23	4	16	45	8	28
21	41	23	23	24	6	17	45	9	29
21	45	16	24	25	7	18	44	10	♌
21	49	9	25	27	8	19	42	11	1
21	53	1	26	28	9	20	40	12	2
21	56	52	27	29	11	21	37	12	3
22	0	43	28	♈	12	22	33	13	4
22	4	33	29	1	13	23	30	14	5
22	8	23	30	3	14	24	25	15	5

Sidereal Time H.	M.	S.	10 ♓ °	11 ♈ °	12 ♉ °	Ascen ♊ °	′	2 ♋ °	3 ♌ °
22	8	23	0	3	14	24	25	15	5
22	12	12	1	4	15	25	19	16	6
22	16	0	2	5	17	26	14	17	7
22	19	48	3	6	18	27	8	17	8
22	23	35	4	7	19	28	0	18	9
22	27	22	5	8	20	28	53	19	10
22	31	8	6	10	21	29	46	20	11
22	34	54	7	11	22	0 ♋	37	21	11
22	38	40	8	12	23	1	28	21	12
22	42	25	9	13	24	2	20	22	13
22	46	9	10	14	25	3	9	23	14
22	49	53	11	15	27	3	59	24	15
22	53	37	12	17	28	4	49	24	16
22	57	20	13	18	29	5	38	25	17
23	1	3	14	19	♊	6	27	26	17
23	4	46	15	20	1	7	17	27	18
23	8	28	16	21	2	8	3	28	19
23	12	10	17	22	3	8	52	28	20
23	15	52	18	23	4	9	40	29	21
23	19	34	19	24	5	10	28	♌	22
23	23	15	20	26	6	11	15	1	23
23	26	56	21	27	7	12	2	2	23
23	30	37	22	28	8	12	49	2	24
23	34	18	23	29	9	13	37	3	25
23	37	58	24	♉	10	14	22	4	26
23	41	39	25	1	11	15	8	5	27
23	45	19	26	2	12	15	53	5	28
23	49	0	27	3	12	16	41	6	29
23	52	40	28	4	13	17	23	7	29
23	56	20	29	5	14	18	8	8	♍
24	0	0	30	6	15	18	53	9	1

PROPORTIONAL LOGARITHMS FOR FINDING THE PLANETS' PLACES

Min.	DEGREES OR HOURS																Min.
	0	1	2	3	4	5	6	7	8	9	10	11	12	13	14	15	
0	3.1584	1.3802	1.0792	9031	7781	6812	6021	5351	4771	4260	3802	3388	3010	2663	2341	2041	0
1	3.1584	1.3730	1.0756	9007	7763	6798	6009	5341	4762	4252	3795	3382	3004	2657	2336	2036	1
2	2.8573	1.3660	1.0720	8983	7745	6784	5997	5330	4753	4244	3788	3375	2998	2652	2330	2032	2
3	2.6812	1.3590	1.0685	8959	7728	6769	5985	5320	4744	4236	3780	3368	2992	2646	2325	2027	3
4	2.5563	1.3522	1.0649	8935	7710	6755	5973	5310	4735	4228	3773	3362	2986	2640	2320	2022	4
5	2.4594	1.3454	1.0614	8912	7692	6741	5961	5300	4726	4220	3766	3355	2980	2635	2315	2017	5
6	2.3802	1.3388	1.0580	8888	7674	6726	5949	5289	4717	4212	3759	3349	2974	2629	2310	2012	6
7	2.3133	1.3323	1.0546	8865	7657	6712	5937	5279	4708	4204	3752	3342	2968	2624	2305	2008	7
8	2.2553	1.3258	1.0511	8842	7639	6698	5925	5269	4699	4196	3745	3336	2962	2618	2300	2003	8
9	2.2041	1.3195	1.0478	8819	7622	6684	5913	5259	4690	4188	3737	3329	2956	2613	2295	1998	9
10	2.1584	1.3133	1.0444	8796	7604	6670	5902	5249	4682	4180	3730	3323	2950	2607	2289	1993	10
11	2.1170	1.3071	1.0411	8773	7587	6656	5890	5239	4673	4172	3723	3316	2944	2602	2284	1988	11
12	2.0792	1.3010	1.0378	8751	7570	6642	5878	5229	4664	4164	3716	3310	2938	2596	2279	1984	12
13	2.0444	1.2950	1.0345	8728	7552	6628	5866	5219	4655	4156	3709	3303	2933	2591	2274	1979	13
14	2.0122	1.2891	1.0313	8706	7535	6614	5855	5209	4646	4148	3702	3297	2927	2585	2269	1974	14
15	1.9823	1.2833	1.0280	8683	7518	6600	5843	5199	4638	4141	3695	3291	2921	2580	2264	1969	15
16	1.9542	1.2775	1.0248	8661	7501	6587	5832	5189	4629	4133	3688	3284	2915	2574	2259	1965	16
17	1.9279	1.2719	1.0216	8639	7484	6573	5820	5179	4620	4125	3681	3278	2909	2569	2254	1960	17
18	1.9031	1.2663	1.0185	8617	7467	6559	5809	5169	4611	4117	3674	3271	2903	2564	2249	1955	18
19	1.8796	1.2607	1.0153	8595	7451	6546	5797	5159	4603	4109	3667	3265	2897	2558	2244	1950	19
20	1.8573	1.2553	1.0122	8573	7434	6532	5786	5149	4594	4102	3660	3258	2891	2553	2239	1946	20
21	1.8361	1.2499	1.0091	8552	7417	6519	5774	5139	4585	4094	3653	3252	2885	2547	2234	1941	21
22	1.8159	1.2445	1.0061	8530	7401	6505	5763	5129	4577	4086	3646	3246	2880	2542	2229	1936	22
23	1.7966	1.2393	1.0030	8509	7384	6492	5752	5120	4568	4079	3639	3239	2874	2536	2223	1932	23
24	1.7781	1.2341	1.0000	8487	7368	6478	5740	5110	4559	4071	3632	3233	2868	2531	2218	1927	24
25	1.7604	1.2289	0.9970	8466	7351	6465	5729	5100	4551	4063	3625	3227	2862	2526	2213	1922	25
26	1.7434	1.2239	0.9940	8445	7335	6451	5718	5090	4542	4055	3618	3220	2856	2520	2208	1917	26
27	1.7270	1.2188	0.9910	8424	7318	6438	5706	5081	4534	4048	3611	3214	2850	2515	2203	1913	27
28	1.7112	1.2139	0.9881	8403	7302	6425	5695	5071	4525	4040	3604	3208	2845	2509	2198	1908	28
29	1.6960	1.2090	0.9852	8382	7286	6412	5684	5061	4516	4032	3597	3201	2839	2504	2193	1903	29
30	1.6812	1.2041	0.9823	8361	7270	6398	5673	5051	4508	4025	3590	3195	2833	2499	2188	1899	30
31	1.6670	1.1993	0.9794	8341	7254	6385	5662	5042	4499	4017	3583	3189	2827	2493	2183	1894	31
32	1.6532	1.1946	0.9765	8320	7238	6372	5651	5032	4491	4010	3576	3183	2821	2488	2178	1889	32
33	1.6398	1.1899	0.9737	8300	7222	6359	5640	5023	4482	4002	3570	3176	2816	2483	2173	1885	33
34	1.6269	1.1852	0.9708	8279	7206	6346	5629	5013	4474	3994	3563	3170	2810	2477	2168	1880	34
35	1.6143	1.1806	0.9680	8259	7190	6333	5618	5003	4466	3987	3556	3164	2804	2472	2164	1875	35
36	1.6021	1.1761	0.9652	8239	7174	6320	5607	4994	4457	3979	3549	3157	2798	2467	2159	1871	36
37	1.5902	1.1716	0.9625	8219	7159	6307	5596	4984	4449	3972	3542	3151	2793	2461	2154	1866	37
38	1.5786	1.1671	0.9597	8199	7143	6294	5585	4975	4440	3964	3535	3145	2787	2456	2149	1862	38
39	1.5673	1.1627	0.9570	8179	7128	6282	5574	4965	4432	3957	3529	3139	2781	2451	2144	1857	39
40	1.5563	1.1584	0.9542	8159	7112	6269	5563	4956	4424	3949	3522	3133	2775	2445	2139	1852	40
41	1.5456	1.1540	0.9515	8140	7097	6256	5552	4947	4415	3942	3515	3126	2770	2440	2134	1848	41
42	1.5351	1.1498	0.9488	8120	7081	6243	5541	4937	4407	3934	3508	3120	2764	2435	2129	1843	42
43	1.5249	1.1455	0.9462	8101	7066	6231	5531	4928	4399	3927	3501	3114	2758	2430	2124	1838	43
44	1.5149	1.1413	0.9435	8081	7050	6218	5520	4918	4390	3919	3495	3108	2753	2424	2119	1834	44
45	1.5051	1.1372	0.9409	8062	7035	6205	5509	4909	4382	3912	3488	3102	2747	2419	2114	1829	45
46	1.4956	1.1331	0.9383	8043	7020	6193	5498	4900	4374	3905	3481	3096	2741	2414	2109	1825	46
47	1.4863	1.1290	0.9356	8023	7005	6180	5488	4890	4365	3897	3475	3089	2736	2409	2104	1820	47
48	1.4771	1.1249	0.9330	8004	6990	6168	5477	4881	4357	3890	3468	3083	2730	2403	2099	1816	48
49	1.4682	1.1209	0.9305	7985	6975	6155	5466	4872	4349	3882	3461	3077	2724	2398	2095	1811	49
50	1.4594	1.1170	0.9279	7966	6960	6143	5456	4863	4341	3875	3454	3071	2719	2393	2090	1806	50
51	1.4508	1.1130	0.9254	7947	6945	6131	5445	4853	4333	3868	3448	3065	2713	2388	2085	1802	51
52	1.4424	1.1091	0.9228	7929	6930	6118	5435	4844	4324	3860	3441	3059	2707	2382	2080	1797	52
53	1.4341	1.1053	0.9203	7910	6915	6106	5424	4835	4316	3853	3434	3053	2702	2377	2075	1793	53
54	1.4260	1.1015	0.9178	7891	6900	6094	5414	4826	4308	3846	3428	3047	2696	2372	2070	1788	54
55	1.4180	1.0977	0.9153	7873	6885	6081	5403	4817	4300	3838	3421	3041	2691	2367	2065	1784	55
56	1.4102	1.0939	0.9128	7854	6871	6069	5393	4808	4292	3831	3415	3034	2685	2362	2061	1779	56
57	1.4025	1.0902	0.9104	7836	6856	6057	5382	4798	4284	3824	3408	3028	2679	2356	2056	1774	57
58	1.3949	1.0865	0.9079	7818	6841	6045	5372	4789	4276	3817	3401	3022	2674	2351	2051	1770	58
59	1.3875	1.0828	0.9055	7800	6827	6033	5361	4780	4268	3809	3395	3016	2668	2346	2046	1765	59
	0	1	2	3	4	5	6	7	8	9	10	11	12	13	14	15	

RULE:—*Add proportional log. of planet's daily motion to log. of time from noon, and the sum will be the log. of the motion required. Add this to planet's place at noon, if time be p.m., but subtract if a.m. and the sum will be planet's true place. If Retrograde, subtract for p.m., but add for a.m.*

What is the Long. of ☽ April 15th, 1971 at 2.15 p.m.?

☽'s daily motion—12° 53′

Prop. Log. of 12° 53′ ... ... [illegible].2702

Prop. Log. of 2h. 15m. 1.0280

☽'s motion in 2h. 15m. = 1° 12′ or Log. ... 1.2982

☽'s Long. on April 15 = 17° ♐ 51′ + 1° 12′ = 19° ♐ 3′.

The Daily Motions of the Sun, Moon, Mars, Venus and Mercury will be found on pages 26 to 28.

MADE IN ENGLAND